餘生，想和相處舒服的人在一起

歐陽健舒 —— 著

談生活，談人生，談格局，歐陽健舒的人生哲學

作者序 / 躺平了，世界就會變好？

　　我年輕時和多數人差不多，將技能當作幸福的保障。在中山大學的數年中，在諸多良師的指導下，我探索自然環境與經濟學，形成了自己的一些觀點和立場。

　　隨後，我逐漸發現，比起外在環境，人們更容易受到內在環境（在此我稱之為心性）的影響，而對後者的追尋，一方面促使我寫下了《直覺力》、《潛意識之謎》、《焦慮心理學》等書，另一方面，使我對中國的優秀傳統智慧產生了興趣。

　　《論語》凡二十篇、四百餘章，大多講修身、齊家、治國之事，唯〈先進・26〉有些特別。孔子與眾弟子坐而論道，讓他們各自陳述自己的志向。曾晳對曰：「暮春者，春服既成，冠者五六人，童子六七人，浴乎沂，風乎舞雩，詠而歸。」

　　暮春時節，穿上薄衫，找幾個成年人、幾個小孩子，在沂水裡游泳、在高臺上吹風，一路唱著歌走回來。這有什麼稀奇的呢？為什麼孔子偏偏此時長嘆，對曾晳的想法表示贊同？

　　大家講「棒喝」，我們不妨棒喝一下：你上一次體會到類似的心情，是什麼時候？你是不是經常感到困惑，不知道自己

應該做點什麼？是不是時時覺得疲憊，好像有一張無形的羅網籠罩著自己？是不是哪怕在跟親人、朋友相聚的時候，仍然內心翻湧，恨不得立刻逃離？

新聞報導裡，焦慮、抑鬱乃至自殺的人，越來越多了，而更多的人，似乎沒有意識到自己出了問題。現代文明像一隻巨獸，一方面給了人們劈開高山、踏破虛空的能力，另一方面，散播著名為「當代」的疾病。

其一，看不清現實。

古代人到了二十歲，便要行冠禮，表示自己已經成年了。現代人沒有行冠禮的習俗，連成年的年齡都變得含糊起來。二十多歲、三十多歲還在讀書，實屬稀鬆平常。因此，有一些學生心態，也在情理之中。一、兩萬元的月薪看不上，相貌平平的伴侶看不上，不是每日鮮亮的生活，似乎根本不值得過。不過，生活不會因此格外善待某個人。

《少有人走的路》一書中說，有一個亙古不變的真理——人生苦難重重。長大成人意味著離開父母的庇護，正視生活的衝擊。買房子要花錢，租房子也要花錢，一瓶油、一把米都要花錢。與之相對，賺錢的辦法則不是那麼容易。

2021 年，在中國考研究所的有三百多萬人，考公職的也

有一百多萬人，幾十上百個人爭奪一個名額，只爲穩定的飯碗。這就是現實，冰冷、粗糙，必須正視的東西。

其二，抓不住問題的本質。

馬克思說：「哲學家們只是用不同的方式解釋世界，而問題在於改變世界。」從大的方面來看，我們當然是平凡的；從小的方面而言，每個人都是其世界的主角。你怎麼樣，你的世界就怎麼樣。如果你想讓自己的世界好一些，就必須做出一些改變，努力解決種種問題。

從某個角度來看，生活就是一個不斷發現和解決問題的過程。現代教育過分注重可以量化的技能，以至於很多人缺少普世的智慧。遇到問題不知道觀察、不懂得思考，不能從前人的智慧中吸取養分，久而久之，有些人甚至以「躺平」自嘲。躺平了，世界就會變好？問題像是田間的雜草，不理它們，只會讓它們更加旺盛。等到顆粒無收的時候，已是悔之晚矣。

其三，在人際關係中優柔寡斷。

子夏因爲兒子去世而失聲痛哭，「我沒有什麼過錯，爲什麼會遇到這種事。」曾子生氣地說：「你怎麼會沒有過錯呢？西河的人們只知道你、不知道我們的老師，這是你的第一個過錯；父母去世之後，你沒有告訴別人，這是你的第二個過錯；

等到兒子死了，你就哭瞎眼睛，這是你的第三個過錯。」

　　子夏很是服氣，丟開手杖向曾子下拜：「我錯了，我離群索居，已經太久了。」

　　放在今天，曾子恐怕會被認為不近人情，子夏為何要服氣，為何要下拜，千百年來的人，為什麼都讚頌他呢？因為，曾子敢於堅持原則，他由道心做出了自己的選擇，勇於承擔選擇的後果。現代人交朋友的手段遠比那時多，與朋友相處時的心態，卻偏偏缺了簡明。一時嫉妒，一時不屑，疏遠了會怨憤，離太近又擔心不便——帶著一腦門的心思跟人打交道，怎麼可能快樂？

　　看不清自己、抓不住問題的本質，以及在人際關係中左右搖擺，這是現代最常見的三種「疾病」。身體出了毛病，去醫院看一看，多半能有滿意的結果；此三者，卻互為表裡、互相影響，使人們，尤其是年輕人，在不知不覺間「病入膏肓」。到了那時，縱使時間和金錢上有些餘閒，又怎麼可能體會曾皙的快樂呢？

　　其實，我們不妨逆向思維一下：古代那些英偉的人物，若是到了現代，將想到什麼、做些什麼？

　　孔子見到高樓大廈，肯定會感慨。古代建築，高不過幾

層，建築時間長達數年；而現代建築，以鋼鐵爲筋骨，以水泥爲血肉，短短幾個月就能高聳入雲。他卻不會特別震驚，因爲此中的道理，他早就明白了：仁之於人，便是筋骨，「克己復禮爲仁。一日克己復禮，天下歸仁焉」。

具體到每件事上，只需要將核心原則，放到特定情境下檢驗一番，比如，「君子敬而無失，與人恭而有禮，四海之內，皆兄弟也。」

莊子若是成了白領，也會比一般人快樂。何哉？因爲他懂的「物物而不物於物」。還沒發生的事情，犯不上焦慮；急著要做的事情，專心處理卽可；每一件事，都有其規律，只要按照規律的要求去做，就能駕馭問題，而不是如很多人一樣被問題役使。人際關係也是如此，與其嫉妒別人有、笑話別人無，倒不如想一想，他們對於規律是個什麼態度，自己能從中學到些什麼。

一輩子最重要的道理，幾千年前便被論述過了。諸多現代病的根源在於，人們不是忘記它們，就是不知道怎麼正確地運用它們。正如《衡州新學記》所說，書生們誇耀自己喜歡讀書，實則只是喜歡中舉，一旦當了進士，立刻將先前所學統統丟掉，等到問題到了眼前，又怎麼可能按照先人教導去做呢？

　　我經營著幾家小公司，時間甚是拮据，誠然距離孔孟、李莊甚遠，原不該耳提面命、做吃力不討好的活，奈何在生活與工作中，時常接觸到罹患現代病之人。他們的痛苦如此真切，他們追尋的答案卻這般簡單，實在令人心有不忍。於是，我以自己的見聞為主軸，列舉了當代人的種種困惑，具體到每個問題，我將自己當作先賢與當下之間的橋，希望能從我的所思所想中，為他們找到解決問題的辦法。

　　便有了這本小書。

　　橫渠先生說：「為天地立心，為生民立命，為往聖繼絕學，為萬世開太平。」這本書的志向沒有那麼大，只不過希望讀者，尤其是青年朋友們，能從中瞭解一些先賢之語，掌握一些先賢之心性，在生活的消磨之中，慢慢培養出自己的道心。

目次

第七章　生活的溫柔，要自己去找

第一章 休是休生活的主角

成年，也是生活的又開始

　　幾年前的某天，一個中年失業的朋友 A 君來找我喝酒。
俗話說：「中年男人不如狗。」作為一個上有老、下有小、中
間有房貸的人，我的朋友 A 君覺得，在這個當下失業，實在
是一件特別令人痛苦的事情。

　　在交談之中，A 君不停地抱怨著公司制度和社會現狀，同
時擺出了自己的研究生學歷和過去的功勞。其實，即使沒有這
次談話，透過 A 君平時的狀態，我也能想到他可能會「被失
業」的今天。

　　原因是因為 A 君平日就是一個得過且過、頻繁跳槽的人。
從年少時，A 君就沒有什麼工作計畫，今天聽見別人說做建築
賺錢，立刻就辭職回家說要考建築類的證照，明天聽見別人說
做銷售不錯，就又摩拳擦掌地想要去做銷售。只不過這些事情
他都是三分鐘熱度，工作途中稍微遇到了一點困難，他就主動
放棄了。

　　從建築職位和銷售職位離職後的 A 君，終於找到了一份工作安心上班，但是五年不在職場的他，無法適應職場環境。他在談話之中告訴我，主管不能看到他的才能，同事也覺得他為人不怎麼樣。總而言之，就是跟別人不和，混不進好的圈子。因為企業現在經濟緊縮，A 君果斷被企業裁員，雖然 A 君想不通原因，但是發生在他身上的這個結果，卻是我一早就可以預見得到的。

　　A 君的經歷，讓我想起了我的一個同事，這個同事和 A 君一樣，也是畢業於國內的頂尖大學科系，後來還讀了碩士。在知名企業工作了十多年，轉正之際，單位安排我對她進行一次考核。我和她一起工作時發現，這個人非但辦事態度不好，技術還不精。讓她做一個案子，讓她編輯一條資訊，用以證明對方提供的圖片可能有些問題，並附帶文字說明一下修改方向，結果她直接發過來三個字：「我不會。」

　　當然，她並不只是對我這樣，而是對公司所有人都這樣，似乎她在對待工作時，永遠只有「會」和「不會」，而沒有「我去學」這個概念。

　　有一句很古老的格言：「活到老，學到老。」但我這個同事都沒有這個概念，她在之前的那家公司幹了十年，只做自己

那一塊的工作，只負責自己的那份職責，而到了新的公司，又以自己年齡大了、失去了學習的動力爲理由，所以，到了一定的時候，失業幾乎是必然的。

其實，很多人在一個平臺的時候，總會把平臺帶給自己的光環當成自己的能力，殊不知自己只是一顆螺絲釘而已。

如果一個人在該磨練的年紀，只是選擇默默做一顆螺絲釘，而沒有發展自己的能力的話，其實是很吃虧的。我有很多朋友上班「摸魚」、下班「躺平」，覺得自己占了很大的便宜，但最終發現，時代拋棄自己的時候，是連一聲招呼也不會打的。

我知道有很多人會說，這是自己的選擇，他們就選擇了那樣的生活方式。但是，這樣的生活方式，年輕的時候其實還好，但一旦生活的風浪來襲，他們又將用什麼樣的籌碼去應對、去抵禦呢？

生活本身就像是一條奔騰向前的河流，不會因爲我們留在原地，就爲我們駐足。如果我們選擇當工作之中的「螺絲釘」，而不是「CPU」的話，等到螺絲生鏽了，別人要更換新的「螺絲釘」時，你就會失業。

我一直記得我工作之中遇到的第一個主管，這個主管原本

在一個研究單位做研發，她十分勤奮，很快就做到一定的職位，然而後來因為市場經濟的更新換代，公司被收購，她也意外失業了。她失業之後，又去了一家國營單位，後來這個國營單位也解散了。她花了不少時間思考，認為自己一直失業的原因，可能是因為自己選錯了跑道。

痛定思痛之後，這個主管最終換了方向，去做了專利檢索員。記得我當初聽到她這個決定的時候，也問過她，像她這樣轉行的幅度是不是太大了？她說：「一旦我想做這一行，只要給我兩年的時間，我一樣會做成這個行業的專家的。」

到了我認識她的時候，她已經在這個行業待了將近三年，她成了我的主管，隨後又跳槽去了一個比較大的平臺，成了本行業知名的專家。

我想，她是永遠不會失業的，因為她的安全感是自己帶給自己的。她是一個會主動學習而不是在原地等待的人。她會適應新的環境、新的形式，主動遷移自己的技能，而不僅僅是站在原地等待。而我的朋友 A 君和我那個同事，他們總是處在一種惶恐之中，因為他們並沒有處理問題的思維方式和廣度，就只是被動等待命運的安排。

最大的安全感，是自己給自己的。我們能控制的東西太少

了，唯有不斷地壯大自身，才能讓我們盡可能地在面對生活的風雨時，多一些勝算，少一點惶恐。

我問 A 君，你工作的這幾年學習了嗎？你學習了什麼？有什麼技能？是像我那位女主管說的那樣，只要給她一、兩年的時間，肯定能成為專家，還是像我那位女同事那樣，這也不會，那也做不了，而且又都不肯學。

這是一個人自己的人生態度，也是人對自己今後的安排。

人生的任何問題，都不是當下產生的，而是由前因帶來的一連串後果。雖然現在是中年失業的狀態，但是如果現在不改變，十年後的你，還是會由於你目前的決定，產生一連串新的問題。

我們每個人都曾依靠平臺生活，但是離開了平臺之後，讓我們最有安全感的，永遠是自己。最大的安全感，是我們不管面對什麼樣的複雜環境，永遠都有重新開始的勇氣和能力。

行有不得，反求諸己

　　我有一個很有意思的朋友，這個朋友姓徐，曾經也是某個大企業的高階主管。他在一家優秀的上市公司工作了二十多年後，突然選擇了離職。家人問他原因，按他說，就是「賺夠了一定數目的錢，想要追求自己真正的人生理想了」。

　　因為我和他從年少的時候就是朋友，所以我一直知道他的理想和追求是什麼。他喜歡旅行、攝影，有時候也會做做手工，在他做了離職計畫之後，他把自己之前的目標分門別類列下來，一項一項從入門開始學。

　　他經常跟我說的一句話就是：「人既要有現實的目標，又要有理想的目標，按照順序成長，才能讓內心安適。」

　　他的這番話，讓我想起了我另一個朋友的母親，我那位朋友年少時家裡很窮，他外公生意失敗，欠下很多債務。母親十七歲去廣州打工，後來在廣州成家，事業也一直沒有太大的起色。中間因為我朋友生病，為了幫他治病，又欠下好幾萬人

民幣的債務，好不容易後來做生意有了點錢，又被他愛賭博的父親把錢偷偷拿走，最後全部輸在賭桌上。

他母親和父親離婚的那年，他母親才二十九歲，一窮二白，後來帶著他讀書，又重頭再來做生意。拚搏了十年，在四十歲的時候才賺到錢，現在已經在廣州買了房子，年收入也穩定在七十萬人民幣左右。按照我朋友的說法，他母親四十歲才找到了自己真正的人生節奏，而她的人生是在四十五歲之後才真正爆發。

這兩個朋友的經歷，和現在某些公眾號宣傳的話題截然不同。當許多人都炒作「二十五歲年薪百萬」和「出名要趁早」時，他們卻選擇了依自己的節奏過自己的人生，並沒有被這種急功近利的口號影響自己的價值觀。

這是一個資訊爆炸的時代，大到人生方向，小到一飲一食，每一天，我們都可以透過網路得到無數的資訊，這些資訊充斥著人們的大腦，好壞難辨、真假不分，不管我們需不需要，只要一睜開眼，就鋪天蓋地向我們襲來。

穿衣，從幾十塊的網購到幾萬塊的實體店，只有你想不到的造型，沒有做不出來的款式；飲食，打開一個外賣 APP 就能點到全世界的特色菜，酸甜苦辣滋味十足；住宿，商家們就

像你肚子裡的蛔蟲，你喜歡的裝修風格他們那兒都有；出行，只要你願意，從出家門到目的地，也就是一抬腿的距離。

選擇性多嗎？多。種類齊全、琳琅滿目，所有商家的制勝祕訣，就是在快你一步，想到你的所有需求，所以當你面對著無數「選擇」時，常常會有無從選擇之感。因為選項太多，所以我們的人生節奏被商家引導著、安排著，而不是從我們自己的實際情況和我們自身的需求出發。

看到有人年少成名了，看到有人三十歲實現財務自由了，我們都會產生焦慮，覺得自己沒在某個年齡做成某件事，就是失敗者。

其實不然。每個人都有自己的成長節奏，這個世界上有很多事需要時間的沉澱，需要漫長的學習和努力，才能達到我們最終的目標。太年輕的時候，因為不會思考複雜和深入的問題而顯得心浮氣躁、狂妄自大，然而隨著時間和經歷，我們對世界的認識，或許會越來越宏大深入。

很多我們今天看到的成功人士，大多也是年少犯錯、中年成熟的人，畢竟這個世界上，萬事都需要再次磨練才能老成。

我曾經在網路上看過一個統計，大部分作家在四十五到五十五歲時，才獲得了諾貝爾文學獎。而一個普通的社會人

士，也差不多要到三十五歲到四十五歲之間，才達到了人生的巔峰，因為這個階段，我們的練習量和對世界的認知，已經逐漸成熟，身上的缺點也都修復得差不多了，該有的社會經歷也有了，該懂得的謙遜之道也懂得了，該累積的社會資源也穩定了，面對成果也懂得珍惜了，如果此時還能保持心氣，穩紮穩打，更容易成事。

賈伯斯年輕的時候也曾在事業上受挫，但據他回顧說，他在那個年齡階段確實毛病太多，自己的綜合素質駕馭不起夢想，如果他不曾在那個階段承受那麼巨大的痛苦，就不會有後面鳳凰涅槃一般的成就。所以，我們看問題不應當看自己過去如何、現在如何，而是應當用發展的眼光來看待自己的變化，從自己的節奏之中，找到自己的成長路徑。

每個人的自身條件都不同，成長的路徑也會有所不同。根據自己的條件，仔細分析自己現在還有哪些問題，自己現在有哪些潛力，隨著自己實力的發展，什麼年齡能達到自己的最佳狀態等等。如果一個人有穩定的自我評價體系和認知體系，就根本不會羨慕少年得志，而是能把這些人當做鏡子，教會自己沉潛、謙虛、謹慎、務實、積德。面對困難也不會再自怨自艾，而是真的明白行有不得者反求諸己。

大多數人的問題，在於不能專注於一件事

朋友的一位遠房親戚，畢業之後就再也沒有找到工作了。這個親戚長期向朋友借錢，每次的理由都差不多，無非是在哪裡又發現了某某商機，想要創業，已經湊足了大部分的資金，只要朋友幫忙湊上一些，立刻就可以開始啟動。朋友問這位親戚要借多少，他的親戚說，有多少自己就借多少。

細數起來，朋友的這位親戚從大學畢業後，已經有過無數次關於「創業」的想法了。比如今天看到別人擺路邊攤，親戚立刻就想，自己要不要拉幾個人去擺路邊攤呢？明天看到別人去加盟餐飲店賺到了錢，他這位親戚又想，自己要不要也去加盟餐飲店呢？

朋友親戚的這些想法，從大學開始就有，但是始終沒有一件能貫徹到底，如今他這位親戚已身為人父，負債幾十萬，事業一事無成，人卻還像是初出社會的大學生，有多熱血就有多無知，整天不是在尋找商機，就是在去尋找商機的路上。

　　有鑑於此，已經借出好幾萬元卻沒有收到一分「投資紅利」的朋友，再次聽到親戚又要借錢時，趕緊捂緊了錢包。

　　雖然他這位親戚每次事業失敗的原因五花八門，但是總體而言，大部分失敗都只是因為他不停地在轉換跑道，而且只要遇到一點問題就退卻，而不是深度思考問題產生的原因，想辦法去解決。

　　隨後幾年，十來年光陰轉瞬即逝，朋友的這位親戚也到了一個上有老、下有小的尷尬年紀。每天一醒來就需要花錢，目光所及之處，都需要依賴自己的家人，可這位親戚小哥碌碌多年，試了這行試那行，到頭來行行都是新手。

　　好不容易想通了，想踏實下來，安安靜靜地找個地方打個工，卻發現自己的競爭對手已經全部都是九〇後、〇〇後，看著這些朝氣蓬勃的孩子，這位人到中年的親戚，心頭也湧起了力不從心的感覺，開始後悔自己浪費了太多時間。

　　朋友告訴我，他見過很多二十青蔥步入社會的青年人，會在他們精力最旺盛的時候勇於行動，在行動之中學習技能，花幾年甚至更少的時間就能完成試錯，找到自己行動的路徑，盡量努力去適應社會、學習技能，以便能在三十歲時自立於世，承擔起對自己、對家庭的責任。

我想起了朋友跟我說的關鍵字——行動。

正常情況下，每個人都會思考一件事成功的可能性，但是真正讓我們學會一樣東西的，一定是行動。只有在行動之中，我們才能逐步瞭解一個東西的細節，完善我們對這個東西的理解，形成我們對這個東西真正的認知。

雖然我們有很多東西想嘗試，但是沒有任何人可以在短時間內，將所有的時間、精力分散到四面八方，如果你這樣做的話，往往會一事無成。就像朋友的那位親戚一樣，如果他堅持擺路邊攤，或者也能存下一定的本金；如果他堅持做加盟店，或許也能成就一番事業。遺憾的是，他對所有的事情都僅僅止於嘗試，並沒有堅持下去。

我知道，在這個競爭激烈的時代裡，每個人都想著盡可能多豐富一下自己的個人履歷，為自己的經歷增添盡可能多的亮點。但這不意味著我們在做一件事情時，可以淺嘗輒止，也不意味著我們在做事情的時候，選擇越多越好，可以貪得無厭，可以喜新厭舊，可以不用堅持到底。

成功者的確需要快速試錯，在行動之中發現自己的問題。但是能達成自我成就的人，並非總是在試錯，而是快速找到合適自己的行業，沉下心來，踏踏實實做好，一步一腳印，比起

那些快而不穩的人來說，更能讓人感到心安。

　　所謂的成功，是有所不爲。明知道可以去做別的事情，但因爲內心有著對手頭事情的執著和渴望，於是寧願放棄一些暫時的利益，學會堅持，克服當下的困難，把某些東西按部就班地執行下去。

　　小時候讀武俠小說的時候，總是會看到那些花拳繡腿被扎實的一招打敗的故事。我曾聽人說，不管是哪個行業，都需要三個月的學徒期、六個月的生存期、十八個月的事業期，一旦開始認定了，就一直堅持下去，半途而廢只會讓人永遠停留在生存期。

　　專注在某個領域，自始至終地堅持做好一件事情，最終才有水滴石穿的效果。在執行的過程中，不要貪得無厭，不要急於求成，我相信，時間終究會對於你的付出予以獎賞。

斷捨離背後是思考

　　美國的研究員做過一個關於窮人為什麼窮的報導，報導中指稱，很多窮人之所以窮，是因為他們買了太多東西了。這個報導看似很離譜，然而仔細想想，卻又不無道理。

　　曾經有人告訴我，富人之所以是富人，是因為他們能夠規劃自己的生活，把注意力放在對自己有益的事情上；而窮人之所以是窮人，是因為他們的注意力總是會被無關緊要的事情吸引，不僅喜歡把注意力放在無關緊要的事情上，還總是喜歡浪費精力，去抱怨這些無法改變的事情。

　　提起這些，我就想起了我自己的一段經歷。

　　有段時間長期出差某地，朋友幫我介紹了一名當地的司機來接機。坐上車後，我感覺有些意外，我預約這個司機來接機，只需要一通電話，剩下的事情他都能全部幫我搞定。只要把飛機起飛的時間告訴他，我絲毫不用操心登機會遲到等瑣事。遇到颱風下雨的情況時，他總是會提前發簡訊告訴我，到

了目的地之後，他還會幫我提行李、送水。在知道我喜歡喝熱水之後，甚至都會提前準備熱水壺灌滿水，服務態度真的超級好。我和他聊起來才知道，他從當司機開始，就一直把顧客當成上帝，因為他的服務周到，很多商務人士往來機場，都喜歡用他的車。

生意忙不過來的時候，他組織了一個車隊，隨著時間的推移，他現在的車隊也逐步發展壯大，目前已經有了好幾十輛車。他告訴我，再過一段時間，他就準備不再開車，打算專心管理車隊了。

我也曾經和他聊起其他的司機，我說，我坐其他司機的車時，他們經常會抱怨這個工作太累，每天起早貪黑，辛辛苦苦卻賺不了什麼錢等等的。他聽到這些話之後，總是語重心長地和我說：「如果一個人暫時抱怨是沒有用處的，條件越不好越要比別人努力，這樣才能做出成績來，你說是不是？」

很多時候，掙扎在貧窮線上的人，往往都喜歡抱怨。更可怕的是，他們總是一邊抱怨，一邊把自己的時間和精力耗費在毫無意義的事情上，喝酒、抽煙、賭博、吹牛，但是並不思考和複盤自己的工作，更不願意去深入學習那種真正能改變自己生活的技能。

　　我一直都認為，現在的這個社會尚有空間，一個人只要肯努力，雖不能百分之百成功，但經過一定時間的累積之後，他的生活和境遇，肯定會得到相應的改善。

　　但我看到很多在貧窮線、溫飽線上掙扎的人，不能說他們是「窮人思維」，但是他們之中，有很多人的確都有一種「弱者思維」。做事情總是三分鐘熱度，動不動就覺得「我不行」，稍微遇到一點困難就想放棄。

　　他們將所有的時間，都花在那些立刻能滿足自我情緒的事物上，而不願意去思考更加長遠的未來，他們寧願拘囿於窘迫，也不願意動腦思考，想得多、做得少，永遠都只能活在當下瑣碎的困境之中，無法思考未來。

　　一個貧困者為了滿足生活所需，不得不把自己的時間分割成很多瑣碎的部分，不能考慮更加長遠的投資和發展事宜；一個過度忙碌的人，為了趕截止日期，不得不被看起來最緊急的任務拖累，而沒有餘裕去計畫、去安排更長遠的發展。所以，即便是他們擺脫了這種狀態，也會被這種只著重於當下、無法長遠思考的慣性糾纏很久。

　　在我看來，這種常見的行為模式，是阻礙一個人成功最大的原因。

　　在生活中，對於瑣碎事物的過多選擇和判斷，會降低處理重要資訊的理智性，導致思考重要問題的心力不足。其實，要改變現狀、解決問題，就需要像那個司機一樣，理解細節，做好目標導向，在做好最關鍵事情的角色同時，盡量減少情緒對自己做事的困擾。

　　你會發現，對一個努力的人、一個善於發現的人、一個能堅持思考和持續行動的人來說，即使他們一時生活困頓，但是經過一番努力後，只要堅持一段時間，他們的生活就能向好的方向轉變。與其說機會青睞這樣的人，還不如說因為這些人的這種特質，為他們創造了機會。而大部分人在機會來臨的時候，往往因為準備不足，而讓機會白白溜走，甚至因為他們並不善於思考，所以即使機會來了，他們也很難發現。

　　對一個真正要改變的人而言，首先要做的是思考和改變，前行的過程肯定很艱苦，但前方的風景肯定也很美麗。

努力很重要，但思考努力的方向更重要

　　希臘神話裡有一個關於薛西弗斯的故事：薛西弗斯觸犯了眾神，諸神為了懲罰薛西弗斯，便懲罰他把一塊巨石推到山頂上。因為諸神的懲罰，每當薛西弗斯將巨石推上山頂之時，巨石都會滾下山去，這樣一來，薛西弗斯就只能不斷重複、永無止境地做這件事。

　　其實，我想講這個故事，主要是為了講述這個故事的社會意義。

　　薛西弗斯的目標是山頂，但可悲的是那塊石頭永遠不能被推到那個終點，無論他多麼努力，無論他堅持多久，他都不能實現自己的目標。原因是薛西弗斯努力的方向，已經被眾神鎖死，除非解除這個詛咒，否則他永遠只能做這樣的白功。

　　當然，神話帶來的只是借鑑意義，我想從這個神話裡引申的道理是：在努力之前，要先找對自己的方向，如果方向錯了，那麼不論如何努力，我們也不能達成自己的目標。

事實上，我們每個人都會面臨薛西弗斯的困境，只不過在現實之中，那塊象徵意義的巨石，可能變成了別的東西，譬如錯誤的路徑、錯誤的方向、錯誤的決策……等等。

我們在看電影的時候，經常會聽到有人說某一部電影是「爛片」，後來我認識了一個影視公司的朋友，他告訴我，那些被稱為「爛片」的電影，同樣都是付出了巨大的心血和努力。他們在拍攝之初，都是按照好片的規格去規劃的，用了最好的導演、最好的攝影、最好的美術，以及粉絲最多的演員。但是因為沒有人來統籌規劃，最後大家各自為政，每個人都在自己的跑道裡，而沒有統一一個方向，所以搞出一個充滿了混搭奇異風格的成品，最後也就成了大家口中說的「爛片」了。

他的話讓我想起了我以前的一個老同事老鄭，老鄭堪稱是公司的楷模，每天都加班到十點鐘才回家，我聽其他同事說，甚至有時候半夜一、兩點他都還在收發郵件。就這樣的工作強度，他早上仍然是第一批到公司的人，就連週末，他也時常到公司加班。我一直聽他說，工作是最重要的，他一定要兢兢業業完成工作，以免將來被淘汰。

雖然老闆在大小會議上極力稱讚他，號召全體員工向他學習，可就是不給他升職加薪。我一直想不通這個道理，直到後

來有一次和這個同事一起合作了一個專案之後，我才慢慢體會出一點味道來。

　　我發現，要論勤奮度，這位同事的確是堪稱是單位的楷模，但是在真正上手操作時，他卻只是低效重複著自己以前就會的東西，無效地消磨著時間，卻沒有思考怎麼把工作做得更好。所以儘管他在工作上花了大量的時間，卻沒有達到理想的工作效果，每次出來的方案，都和前一個版本沒有什麼太大的區別。

　　這個時候我才知道，公司主管稱讚他，只不過是對他工作態度的鼓勵，而並非真正認同他的工作成果。而我的那位同事老鄭，他將大量時間和精力放在無用的事務上，沒有真正提高自己的核心競爭力，沒有創造更多的價值，而是一直用自己低效的勤奮重複做著無用功，一遍又一遍地推著那塊永遠到不了山頂的巨石。

　　古人云：「知止而後有定，定而後能靜，靜而後能安，安而後能慮，慮而後能得。」這句話說的就是思考的重要性。一個人要確定目標，確定目標後才能心地寧靜，心地寧靜才能安穩不亂，安穩不亂才能思慮周詳，思慮周詳才能去實施，然後才能實現你的目標。

　　毫無目的前行，不僅會浪費時間，還會在無形之中消耗掉一個人的信念和意志。低效的重複猶如一個怪圈，哪怕一個人順著圓圈一直跑，你跑得越快，離真正的終點就越遠，那種忙碌的疲憊，反而會給人一種虛假的充實感，只能自己感動自己。

　　選擇比努力重要，清醒的認知和判斷是實現目標的基礎。如果你總是陷入了低效的勤奮之中，我建議你馬上停下來，重新審視自己，你在做什麼？你想要什麼？只有搞懂這些問題，才能真正收穫自己想要的。努力雖然很重要，但是選擇正確的方向更重要，如果有一天，沒有方向的努力拖垮了你的意志，那就真的來不及了。

　　要習慣於深度思考，永遠不要用戰術上的勤奮，掩蓋戰略上的懶惰，當你在學習、職場和自我認知方面，掌握了深度思考的能力，才能更有效地前行。當今網路上充斥著各種各樣的資訊，要好好利用這些資源，努力學習、勤於思考，做好人生的規劃，然後再堅定不移地執行下去，只有這樣，你的努力才不會成為鏡花水月，而自己也會得到真正意義上的成長。

每一天都為後面的航行做準備

在書上看到過這樣一個案例：英國蒙特瑞綜合醫學院有一名男學生，在醫學院上學期間，常常因爲看不到未來的希望，也不知應該從何努力而感到失望。他說，因爲不知道自己能幹什麼，所以常常會感到焦慮、茫然與不知所措，上學的時候，他擔心自己通過不了考試；畢業了之後，又擔心自己找不到工作。

他在日記之中寫道，每一天他都過得很痛苦，因爲他每天感受到的全部，都是對生活的擔憂和絕望，他害怕自己不能成才，害怕自己很快會老死，害怕自己無法成就一番事業。然而事實是，他的考試並沒有一次被當過，之後的際遇也不像是他擔憂的那樣毫無希望。

後來他讀到了一本書，書中的一段話，讓他一直以來的思考有了一個清晰的方向：「生活的順序很重要。」一個人只有先專注自己手邊的事，才能有仰望星空和腳踏實地的基礎。

　　這句話理清了他一直以來的愁緒，讓他心頭的陰霾爲之一散，重新找到了生活的方向，也明白了做事的原理。他發現在此之前他一直困惑的問題，是因爲他過分擔憂了未來的困難，而不是做好當下的事情。

　　因爲人生是一個動態的過程，只有做好每一件小事，才能積蓄仰望星空的力量。很多時候，一件事不是看到了希望才會去做，而是做了之後，這件事的輪廓才會慢慢顯現出來。

　　只要活在當下，慢慢努力，時間就會帶來驚人的效果。從那以後，他不再爲未來感到擔憂，而是抓住眼前的一切，做好手邊的事情，就這樣，他的命運也發生了本質的改變。

　　他就是後來創建世界知名的約翰‧霍普金斯大學、並擔任牛津大學醫學院的教授威廉‧奧斯勒爵士，被譽爲「二十世紀醫學領域的大師」，同時也是現代醫學教育的始祖。

　　威廉‧奧斯勒幾十年後在耶魯大學舉辦了一場演講，他在演講中說道：「別人總說，我能取得今天的成就，一定是因爲我有一個異於常人的腦袋，其實並非如此，熟悉我的好朋友都知道，我也只不過是一個普通人。」

　　他告訴那些來參加他演講的人說，如果人生是一次遠航，每一個人的生活要比一條輪船複雜得多，而且要走的航程也遙

遠得多。如何讓自己的航程安全，答案就是學會控制自己，生活在一個完全獨立的今天，每一天都為後面的航行做準備。

如果把人生比作一次航行的話，我們都是自己人生航道上的船長。我們手上握著船舵，這只船舵將控制我們人生的航向，你要駕駛這艘船遠航，到未來的方向上，但是路的前方有迷霧、有礁石，還有漩渦，稍不留意就可能偏離航向，甚至撞毀船隻。

怎麼辦？我們只有一步一步走穩，把每一步都走好，才能在未來的某一天抵達遠方。生活也是一樣，我們完完整整擁有了駕駛艙，擁有了所有的今天，不必再悔恨昨天的遺憾，不必再擔心明天的壓力，唯有如此，才能全心全力專注於開好今天的這艘航船。

這就是專注當下的意義。

這段故事，讓我想起了一個從小和我一起長大的朋友，這個朋友姓李，是個女性朋友。出了社會開始工作之後，我很少再見到她，只聽說她很早就嫁人了，直到去年回老家過年時，我和這個李姓朋友再次重逢。多年不見，我差點沒有認出來，這個李姓朋友的眼角，也出現了一些皺紋，身材也開始發福變形，不再是當年和我一起上學時的那個美少女。

　　畢竟從小一起玩到大，聊了一會兒，也就沒有了時間和距離的隔閡。我問這個李姓朋友這些年過得如何，她便開始說起這些年感情的挫折。原來，她當年嫁的是一個「渣男」，她和他草草結婚又倉促離婚，如今家裡一地雞毛，工作也不順利。她苦笑著告訴我說，她特別想找到電影裡的那種催眠師，讓她能夠把過去清零，從自己的二十歲再重新開始。

　　我問她這麼多年，有沒有想過重拾人生的目標，將自己從現在的泥淖之中拯救出來？但是她說，自己現在的起點這麼低，還帶著孩子，如果要嫁人，誰還會要自己呢？

　　雖然她誤解了我的意思，但是我還是建議她到北京、上海、廣州這樣的大城市闖一闖，找到自己人生的價值，不要把嫁人看成是唯一的出路。

　　但她聽完我的話之後，仍然陷在自己的思維裡，始終覺得自己無法適應大城市的快節奏，她告訴我，這樣的生活太累了，她過不了。我建議她考個證照或者再提升一下學歷，她又說自己年紀大，學不動了。幾番來回，我終於明白，她只想得到不勞而獲的好未來，卻不願意專注當下去努力。

　　過去終究過去了，再痛苦也無法改寫歷史。就像有句話說的那樣，有的人出生在羅馬，有的人出生是騾馬。我們拿到手

上的牌雖然爛，但是當我們已經拿到時，便已成了事實，我們
唯一能做的，就是磨練牌技，努力找到自己的最佳解。

　　既然如此，何必對無法改變的事情耿耿於懷？不如把過去
的焦慮都隔斷，活在當下，生活在完全獨立的今天裡，集中所
有的智慧、所有的熱忱，把今天過得盡善盡美。我相信，只有
從當下開始，集中能量過好每一天的人，才能得到一個美好
的未來。

第二章 尋找自己的人生意義

錦上添花者多，雪中送炭者少

　　我的一個朋友，失業在家，為了找到新的工作，他報了很多課程「學習」。約他出來喝茶時，他總是說，最近又參加了什麼講座、最近又認識了什麼名人、最近又加入了什麼學習小組，總而言之，每隔一段時間，他就會出新花樣。

　　他告訴我，他認識了很多「圈內人」，我想勸他腳踏實地，去就業市場上找一份工作，他卻告訴我說，這些「圈內人」教給自己的，都是年收入百萬人民幣的祕密，只要自己混進了他們的圈子，就能夠實現財富自由。現在他正在做的，就是前面的鋪墊，只要有了人脈，工作還不就是手到擒來？

　　他的想法，讓我想起了我一個總是想要透過「上課」提升寫作能力的朋友。雖然我告訴過他，寫作是一個實操項目，對任何實操項目來說，最重要的是靠你自己的訓練和自我磨礪，而不能僅僅寄希望於老師的教學。

　　同理，找工作也是如此，自由市場上的職業，光有人脈是

沒有用的，在實力達不到的時候，卽使有了人脈，也沒有辦法純然地利用這些人脈。

　　想要靠進修或者結交人脈來解決自己問題的人，其實是把自己的未來和幸福寄託在旁人身上，想要透過別人來解決自己的問題。

　　這樣的故事，並不在少數。我還認識一個非常優秀的女孩，姓邵，她畢業之後因爲考公職沒考上，被相處很好的男友家嫌棄。男友父母覺得沒有考上公務員的她，配不上自己的兒子，便逼著自己的兒子跟這位女孩分手，邵小姐的男友也沒有多加考慮，當場就答應了父母的要求。

　　在得知男友因爲現實條件要跟自己分手時，邵小姐並沒有對這段感情多做糾纏，旣沒有沉迷，也沒有斥責她的男朋友。收拾好自己的東西之後，邵小姐來到了北京，她在北京租了一間套房，把自己關在房間之中苦學了一年，經過一年的準備，她考上名校的研究所。

　　研究所畢業之後，邵小姐又重新準備公務員考試，這一次，她果然考上了公務員。因爲她現在生活得美好、充實且努力，當初和她分手的男朋友竟然後悔了，重新追到北京，想要跟邵小姐復合。這一次，邵小姐沒有任何猶豫，很乾脆的拒絕

了自己的前男友。

　　再後來，邵小姐又考上了博士，讀完博士之後，她認識了自己現在的先生，兩人很快就攜手步入了婚姻殿堂，他們兩人的感情很好，互相理解，互相支持，一起進步，很讓人羨慕。

　　其實，我講這個故事，是希望大家知道，一個人靠自己的努力，硬生生逆襲人生，改變運勢，能不把希望寄託在別人身上，反而能得到命運的饋贈。

　　在沒有實力的時候，硬生生地去尋找人脈，就像努力去攀附某一樣東西，不管我們多麼想把自己融入那個圈子，但若不屬於我們的圈子，根本就融入不進去。只有變成更好的自己，我們才能自然而然得到我們應該得到的結果。

　　說起來，我的一個妹妹也經歷過同樣的事情。在她年輕的時候，曾經遇到過一個很優秀的男孩，他真的很厲害，名校畢業，做什麼都能做好，對比之下，稍遜一籌的妹妹做什麼事情都顯得「差強人意」。在她人生最低谷的那段時間裡，對方跟她說：「你為什麼一點也不堅強？」

　　在她不小心搞砸一點事的時候，男朋友直接問她：「你為什麼這麼差勁？」總而言之，這個男生左看她右看她，都覺得她不怎麼努力，不管她做什麼，都覺得她讓他很失望。

　　其實愛情就像工作，門當戶對雖然並不全對，但是也有其一定的道理在其中。只有勢均力敵的東西，才能恆定長久。成年人的世界裡，很多東西都是價值交換，而不是雪中送炭。畢竟大家都很忙，每個人都想不勞而獲，沒有利益交換，又怎麼會竭盡全力，去幫助一個沒有什麼實力的陌生人呢？

　　當然，我妹妹也走了一條逆襲的道路，努力考上了一個好學校的研究所，事業也慢慢有了一些起色，她的男朋友又重新跑來跟她示好，表示可以重新在一起試試。這一次，他甚至都幫我妹妹規劃好了未來，跟她說他們以後可以一起朝著什麼方向發展云云。和邵小姐一樣，我妹妹也拒絕了自己前男友的提議。

　　她告訴我，她現在終於明白了，只有你有了足夠的實力，才能夠得到自己想要的東西，情感也不是無源之水，只有足夠的實力，才能撐得起長久的同行。要讓能力配得上野心，就要做更好的自己，而不是盲目地發展「人脈」。

學會尊重規則

　　公司部門同事聚會，一個剛來實習的小妹努力在飯桌上表現自己。大概是想要證明自己，實習小妹努力活躍著氣氛，主動招呼著身邊的人，稱呼對方這個爲哥哥、那個爲姊姊的，努力拜託著衆人照顧自己云云。

　　酒過三巡，衆人的話題也漸漸放開來，從八卦娛樂到行業趣聞，再到公司裡的大小趣事，實習小妹竟然來到副總身邊，開始向他打聽了一些直屬主管的事情。我怕小妹惹禍，便輕輕提醒她，但是她並沒有把我的話當一回事，反而跟副總稱兄道弟起來。

　　可能是見我好說話，實習小妹借著敬酒的機會，開始向我打聽起公司的薪酬來，我覺得這個話題已經超出了我和她的關係，於是拒絕了她。沒想到她聽到我的拒絕之後，竟然還嘟起了嘴，覺得是我太過小氣。

　　其實並不是這樣的，我拒絕這個小妹，一是因爲公司的制

度，二是因為我不瞭解她的為人和問問題的目的，她還在實習階段，應該多多接觸工作上的事情，而不是把時間和精力花在這些方面上。

　　雖然人要活得通透坦誠，但是這句話卻是針對人生態度而言的，在職場的交往之中，人與人相處切忌交淺言深，千萬不要給自己招惹是非。

　　實習小妹的話，讓我想起了我朋友公司的一個職員 A 女士。這個同事因為一次意外懷孕，為了不影響自己的職業前途，就一個人去做了流產手術。公司的一個大姐看 A 女士臉色蒼白，就幫她帶了幾次飯，A 女士心存感激，也就把大姐當成了知己，把自己所有的事情都說了出來。

　　可是沒想到幾天之後，A 女士的事情卻在公司裡傳了開來，A 女士也成為眾人眼中的小三。A 女士去找大姐質問，大姐卻說自己只是隨便聊聊，也囑咐過別人不要說出去，要怪就怪那個人多嘴。

　　其實，A 女士的問題就是沒有尊重職場規則，她以為自己遇到了知心朋友，就將心中隱私的事告訴別人，結果卻是祕密被宣之於眾，自己不得不承受世俗的目光。

　　孔子說過：「不得其人而言，謂之失言。」意思是指，倘

若對方不是深深瞭解、彼此相知的人，你如果暢所欲言，以快一時，這就是所謂的失言。失言的後果，從 A 女士的境遇之中便可知道。

一個人貿然將自己的隱私告訴交往還不夠深厚的人，一方面會給自己帶來麻煩甚至危險，另一方面，這種做法有時候會像那個實習小妹一樣，也讓對方感到尷尬和難以接受。

有這樣一則笑話，某男看到公司裡來了一位新的女同事，長得很漂亮，於是總是上去套交情，把自己的底透露了個七七八八。有一天，某男看到老闆進來，他就對女同事說：「你看我們老闆又胖又禿，還那麼搵門，誰肯嫁給他啊？」

女同事說：「我肯，因為他是我老公。」

雖然這只是一個笑話，但是這個笑話卻告訴我們，身為一個成年人，一定要遵守應該遵守的分寸，不然的話，就會給自己帶來惡劣的後果。

成年人的關係錯綜複雜，遵守分寸，就是遵守大家約定俗稱的規則。

其實我們都受過沒有分寸的苦，最典型的場景，就是每年過年的親戚聚會上，那些七大姑、八大姨，甚至八竿子打不著的親戚都會問，你什麼時候結婚？你準備什麼時候生小孩？

你現在一個月賺多少錢？房子預備買在哪裡？我相信很多人都曾被這類的話折騰得苦不堪言，自己明明和這些人沒有多少交情，他們卻搞得好像跟你很熟似的，從方方面面來打聽你的個人隱私。

所以，在成人世界裡，守分寸是一種自我修養，是一種遵守規則的表現。人與人之間的關係，就像兩隻刺蝟，需要不斷調整各自的位置，才能既不傷害對方，又能相互取暖。

其實遠離是非很簡單，只要做到這兩點：在與人交情尚淺時，三緘其口；別人對你交淺言深時，保持距離。

成熟的人，會尊重和理解這種交往規則的本質，並將其落實在社會行為上，既能對另外一個人的想法、感受、情緒、行為保持尊重，不捲入其中，也不輕易評價、攻擊別人，同時，還能夠對自己的想法、感受、情緒、感受負起責任。

只有擁有這樣的共識基礎，才能在這種基礎上，形成相互尊重、坦誠溝通、共同協商的關係。學習尊重規則，才能讓一個人的人格更為獨立，讓一個人身邊的關係，向著良性的方向發展。

真正的強者，無懼於偶爾示弱

我姊姊有個朋友，年輕的時候在日企工作，雖然是已婚狀態，但過得比單身還累。究其原因，是因為姊姊這個朋友太好勝，不僅在工作上好勝，不做到業績第一不行，在家裡也好勝，要把每個人都控制在自己的掌握之中。

公司裡如果有人出了紕漏，她恨不得不眠不休地罵人，因此，她手下的員工離職率一向是最高的。當然，她的家庭也好不到哪裡去，每個家庭成員都要聽她指揮，老公、兒子稍有不滿，她就歇斯底里、不依不饒地數落他們，一定要他們向自己道歉為止。她最喜歡說的一句話就是：「為什麼我付出了這麼多，最後大家都不感激我？」

她的狀態讓我想起了電視臺對某個成功人士的採訪。在外人看來，這位成功人士平日很嚴肅，幾乎不苟言笑，但是在節目中卻令我有些意外，他溫和卻又直爽地告訴眾人，自己只是個普通人，還主動告訴眾人，自己在哪些方面不是特別擅長。

　　他的直白讓身邊的主持人都感到有些錯愕，顯然這個環節並非主辦方的刻意安排。他落落大方地在鏡頭前面說，自己雖然受邀參加了這個節目，但是對他本人而言，他只是在某一方面能力突出，其他的部分也還要重新學習。

　　在他談到自己的缺點時，我並沒有對他產生不好的觀感，相反的，因為他敢於正視自己的不足，讓我更加能領會到這個人的淡定、從容和大器。

　　主動袒露自己的缺點，就會給人一種真實的感覺。我說，應該不僅僅是這樣，什麼是真實？真實就是不完美。這個人身上有一種不完美的坦蕩，他知道自己的缺點在哪裡，但是他並不像其他人那樣，羞於把自己的弱點展示出來，而是願意在眾目睽睽之下，接受和承認自己的缺點，並能讓別人看到自己為這些缺點所做的努力和改變。

　　他的話和他的姿態，讓我想到了一句話：只有內心真正有力量的人，才敢於向這個世界示弱。

　　就像我們不會和乞丐計較一塊錢一樣，只有有底氣的人，才敢於示弱；不能承認自己錯誤的人，總是會編造各種美麗的藉口，逃避面對自己身上真正的問題，會羞於向這個世界示弱。

「承認自己的不完美」，是一種勇氣。一個處處想贏過別人的人，其實是因爲對自己沒有底氣、沒有信心，不能看到事物的動態性。

我有一個同事，看到別人買了一件新衣服，她會說，這個人身材沒她好，衣服檔次再高又有什麼用？看到有人在朋友圈發自己子女考上大學的資訊，她會陰陽怪氣的來一句：「考上大學有什麼用，名校畢業沒工作的人多得是。」看到有人升職加薪了，她會說，對方能力不如她，誰知道背地裡用了什麼手段才撈到工作。

我曾經對她說過，這個世界上並不存在每一方面都勝過別人的人，你可以適當的示弱，這樣子自己也會活得輕鬆、開心一點。

像我同事這樣的人並不少，這是一個競爭的世界，很多人從小都認爲，自己不管在做什麼，都要力爭做到最好。但事實上，在人和人的交往之中，這一條並不適用，把一件事做到最好，並不是意味著做人要處處比別人強。

人與人的基因有差異，天賦也會有所差別，這個世界上行業眾多，註定了大家要分工合作。不能輸給別人，只是一種狹隘的自卑心理，一個眞正強大的人，應該向別人學習，和自己

比較。敢示弱的人，才是能面對自己的缺憾。

　　我常常想，如果一個人活到必須面面俱到，絲毫沒有向他人、向世界示弱的餘地時，即使會快樂，也是以透支其他方面為代價的。

　　絕不吃虧、絕不讓步、絕不犧牲自己，據說是強者的要素，而示弱，代表的就是無能。其實，那些處處渴望占上風、絕不能吃虧的人，恰恰是因為他們太弱，生怕別人看輕了自己。他們害怕自己一旦示弱，很多人事就脫離了自己的掌控，遠離自己的視線範圍，或是一旦示弱，就會面對自己不得不去面對自己早已知道的那些缺點。

　　在這個世界上，真正的力量不是強撐，而是生生不息。從物理的角度上而言，強撐的力量不能持久。當一個人懂得示弱時，他就能坦然面對自己真正的缺點，會因為知道自己人生註定會有了缺憾，而更加珍惜現在擁有的，這樣的人，能更快地走向人格的完善，也會因此而顯得更強大。

　　我想，我們都應該有一種意識：允許自己是弱者，自己可以在某方面有所不足，只有這樣，才能有進步的空間；只有這樣，我們才能順著真實的自我，走向自己的新生。

無效努力與有效努力

　　我的朋友小秋，多年來一直想減肥，她不算胖，但是看到別人身材玲瓏有致，還是會羨慕。她要我監督她，我答應了，於是接下來的一週時間，每天小秋都會發一條跑步打卡的朋友圈，但是到了第四天，小秋的朋友圈忽然沒聲沒響了。

　　週末我打電話問她，她正在替學生上課，連電話也來不及接。簡短的幾分鐘通話之後，她告訴我，這週要上班，下週要出差，再下週去外地考察，接下來還有很多目標計畫，也都被排進了這個月的行程。不用說，小秋的健身計畫肯定泡湯。

　　如果按照很多社交網站和勵志書的標準，小秋大概已經被定義為沒有意志力的負面案例了。但身為優秀英語教師的她，除了身材略胖一點，早已經達到了年薪百萬元的水準，雅思、托福考試的專業知識，在業界都是有名的。她曾在異國留學數十年，在孤獨的他鄉獨自努力，沒有超強的意志力，肯定堅持不下來。

　　她的事情，讓我想起了拍電影《一代宗師》的張震，《一代宗師》殺青時，張震拿到了八極拳的冠軍，但是張震並沒有因此就放棄當演員而改練武術。原因是，拳術、劍術等成績是附加在演員光環上的，張震的核心競爭力，還是在他的演藝事業上。

　　大家喜歡他，歸根結柢是因為他為了演員的專業性而付出了努力，他學會了這些角色以外的東西，也還是為了在戲劇中把某個行業的角色塑造好。

　　如果去掉演員這個先決條件，即使他學了圍棋、八極拳和劍術，很多觀眾應該也不會關心他在圍棋、八極拳和劍術上的成就。那時候觀眾會拿他跟職業圍棋選手、職業八極拳運動員和職業劍術運動員來做比較。

　　所以，職場需要的其實不是全才，而是在自己的本職工作上，具備怎樣的核心競爭力。

　　曾經有個讀者在「邏輯思維」的公眾號下留言問羅振宇：「既然你能堅持每天六點鐘起床發語音，為什麼你不能堅持減肥呢？」

　　在大部分涉世未深或是不善於思考生活的人的意識裡，一個人如果沒有堅持做某件事，就是沒有意志力的表現。

　　這種思維，就和「只要……就……」句型一樣，把人規範化、標準化，把日常生活的一切，歸結到一個看起來很美好又籠統的標準裡，進行一種簡單粗暴的認定判斷，沒有任何自己的分析。

　　其實在真實生活中，我們的意志力總是有選擇性地「重點關照」我們某些方面的行為——一個能堅持打三年籃球的人，可能連三天書都看不下去；一個能學數十年鋼琴的人，有可能游泳不到一週就想逃避；一個靠意志力每天清晨五點鐘就能起來學英語的人，換成別的科目，對他而言可能就會成為一種巨大痛苦。

　　這些人，都有自己擅長的某些領域，若以意志力為評價標準，他們肯定不會歸類在缺乏意志力的那類群體裡。

　　從小秋的事情上，我想起了我另一個朋友小敏，她在一家上市公司做銷售，每天都需要面對大量的客戶，要見很多人，對她而言，打扮自己、管理身材也是她工作的一部分，她對身材的管理，源於她的核心需求。

　　但對我的朋友小秋來說，她的核心競爭力在於她的英語知識，曼妙的身材對她的生活來說，只有錦上添花的作用。只要不影響健康，她其實並不需要把大量的時間花在身材管理上。

這些人正是因爲專注於自己的核心競爭力，所以才在工作中各有各的精彩。

很多人不明白這個道理，今天聽到別人宣傳讀書好，就一股腦按書單買了一大堆書；明天聽別人說健身好，就興沖沖跑去辦了一張健身卡……，就是不願意從自己當下的實際出發，找到自己的核心競爭力。

專注於當演員的張震，才能迎來觀衆的喝彩聲，用他的專業程度，和那些只有顏值沒有才華的一衆「小鮮肉」演員做對比；堅持每天發六十秒語音的羅振宇，是中國自媒體第一人，擁有最大的知識付費 APP，但堅持減肥的羅振宇，可能最終只能成爲一個普通的瘦子而已。

其實，一個人要做好一件事，首先要成爲專才，而不是成爲全才。我們的意志力，要用在提升核心競爭力的那套技能上。

《自控力》一書中說，人的意志力是有限的，所以，眞正意義上的自控力，是分配好自己的精力，讓自己專注於做有價值的事。每個人都能在自己擅長的領域發光發熱，把自己擅長的東西做好，才能成就自我價值。

這個宏大有序的世界，需要無數個專才分工合作，才能徐

徐啟動，更好地向前運轉。所以，不管什麼時候，我們都需要明確這一點：最能呈現我們自身的價值，永遠是我們最閃光的那一點。

當做事時便做事

　　我有一個叫阿寧的朋友，按照現在流行的話來說，她是一個「學霸」，求學時努力上進，基本上屬於家裡只用給錢不用操心的好學生，一度被家長擔心是不會進行娛樂活動的「問題兒童」。

　　上班時她也非常勤奮，年年都是「優秀員工」，沒想到，四十歲時她突然辭職，和老公一起歐洲旅居，瞭解當地的歷史文化知識，業餘還寫了兩本書。再次跟她見面時，我笑著開玩笑說：「以前沒想到你的內心世界這麼豐富，那時候大家還以為你是個書呆子呢！」

　　她也笑著回答我說：「其實我上學的時候就有很多愛好，但是因為人生每個階段都有重點，想要過好自己的人生，最重要的就是克制，這種克制，有時候就需要把自己的熱情儲藏起來，在適當的時候再釋放。」

　　她的話引發了我的思考。慢慢去實現自己的願望，會更加

步履從容。但實現自己願望的前提是，任何時候，都能清醒地意識到自己到底要什麼。

和阿寧相反的，是我另一個小學同學青青。青青長得很漂亮，在念高中的時候就開始談戀愛，揮霍美貌，享受著被人寵愛的感覺，美其名曰率性而為、享受人生。後來因為青青的風評太壞而被學校開除，沒讀完高中就輟學了。

幾年之後，我回到老家，看見青青形同枯槁地抱著孩子，站在門口和老公對罵，沒有半點當日青春靚麗的影子。那一刻，我心中湧起了一絲唱嘆：似乎青青以前揮霍過的青春，都用更殘酷的方式還了回來。

記得電影《教父》裡有一段講人生順序的話：「一個人，第一步要實現自我價值，第二步要全力照顧好家人，第三步要盡力幫助善良的人，第四步為族群發聲，第五步為國家爭榮譽。而那些隨意顛倒次序的人，一般不值得信任。」

知道什麼時候該做什麼的人，人生才會順。

比如我某個曾經在日本品牌汽車公司裡做得風生水起的朋友，在日本讀碩士的時候，她有很多同學都帶著花家裡錢的道德負罪感，四處勤工儉學。然而她咬牙堅持並且告訴她的同學，既然花了這麼多錢出國留學，最重要的是學到專業上的東

西，而不是為了打工賺生活費而荒廢了學業。

　　開始出社會工作後，很多女生都只想著隨便找個什麼工作養活自己就好，然而她卻頂住了日本企業裡高強度的壓力，努力工作十多年，買了房子，有了一定的存款之後，才從容地走進了一段幸福的婚姻。

　　事業的成功，讓她在結婚時也有了從容挑選的餘地，沒有「大齡剩女」的緊迫感。用她自己的話來說，對人生有安全感的人，沒有使我愁容慘澹。

　　很多時候，我們明明知道讓自己過得更好的那條路，但因為缺乏長期自我約束的意志力，因為貪戀一時的歡愉，就放過了自己。在精力最旺盛的年紀裡，我們沒有選擇學習，而是選擇了放縱自己的欲望，而在我們可以放縱自己的時候，想要再去學習，卻已經來不及了。

　　當然，並非一個人念書的時候成績好，以後人生就一定是一片坦途。我強調在某個年齡做某件事，是為了說，在打基礎的時候不勤奮，後面的人生需要加倍努力，才能彌補之前的缺失。如果連人生第一階段最基礎、最本分的東西都沒做好，就很難讓人相信你在以後的人生道路上會自律，會找到自己該有的歸宿。

　　當然，也並不是說，你找到了一份好工作，事業上就會一帆風順。而是，如果一個成年人連養活自己都做不到，那他也沒有實現自己夢想的資格和基礎。知道什麼時候該做什麼的人，其實是在複雜環境之中獨立思考和分辨篩選能力的人。

　　做我們這個年齡該做的事，承擔你這個年齡該承擔的責任。很久以前在一個關於論述人生經驗的貼文裡，看到幾句發人深省的話：

　　這個世界的競爭，在智商差不多的情況下，拚的其實是心智開悟的早晚。在國中的時候明白自己該做什麼的人，考上了一間好高中；在高中時明白自己該做什麼的人，考上了一所好大學；在大學裡明白自己要做什麼的人，找到了一份好工作，在工作時知道努力和提升自己的人，大都成了自己的人生贏家。

　　只有這樣，我們的人生才會因為充實而顯得豐滿；只有這樣，我們的心靈才不會因為錯過和焦慮而顯得空虛。

主動解決問題的勇氣

　　朋友小伊是外人眼中一個非常成功的職業女性，她敬業、能幹、溫和、聰慧，似乎什麼問題到了她手中都能迎刃而解。

　　正準備去實習的侄女向小伊詢問職場經驗，小伊看著侄女怯生生的樣子，沒有直接回答侄女的問題，而是給侄女講了一個自己剛剛實習時候的故事。

　　那時候小伊剛進單位，主管拿了一篇文章，請小伊幫忙翻譯成英語。小伊粗略地看了一遍主管交給自己的文稿，發現不僅文稿的內容自己不熟悉，其中還涉及到不少專業名詞。主管告訴小伊，這個稿子無論如何，也要在規定的時間內交到自己手中，如果她辦不到，就不用來上班了。

　　小伊沒辦法，由於時間太短，她想向周圍人求助都來不及，最後只好硬著頭皮查字典、查資料，就著自己的理解，盡可能地翻譯著手上的稿子，忙了整整一夜，終於把手上的文稿內容全部翻譯通順。

　　交稿後，小伊複盤了自己的工作，發現其實這個文稿並沒有自己想的那麼難，只要認真考慮、仔細建構，自己並非不能完成，只不過在拿到文稿的那一刹那，自己陷入了一種慣性思維當中。還沒有開始做，就害怕自己不能完成，以至於連開始投入去做這件事的勇氣都沒有。其實在完成了這個工作之後，她才明白，很多事情並不像我們想得那麼可怕，很多人也並非沒有解決問題的能力，只是喜歡自己嚇唬自己而已。

　　人應該靠自己的主觀能動性，來解決自己的問題，不要什麼都等著別人來告訴自己。其實侄女現在面臨的問題，每個進入職場的人都遇到過，但是要學會別人的經驗，首先要有邁出第一步去做事的勇氣。很多人在開始一件事之前，都覺得直接問前輩會更省事，久而久之就放棄了自我思考，把這種習慣當成了自然，完全不相信可以靠著自己去解決當下面臨的問題。

　　她的事讓我想起了多年前我朋友寫部落格的事。朋友告訴我，部落格編輯通常會把同一批進入部落格圈的作者拉到同一個群組，但是一起進群的人，在三到五個月之後，結果卻大相徑庭。剛開始可能都在同一水平線上下浮動的作者，到後面差距會越來越大，一年半載之後，群裡能留下來的人幾乎所剩無幾。

　　朋友說，有些沒有什麼收入的作者，退群時會埋怨編輯或者責備網站，比如說網站讀者欣賞水準差，編輯給的推薦版位不夠好……等等，就是不從自己身上找問題。而一個人在試用期如果不能看到自己的問題，結果可想而知。

　　我問朋友，大概什麼樣的人最後能成功呢？朋友告訴我，有主動學習能力，不需要編輯專門抽時間來教他們，同時珍惜編輯推薦資源的人，最後的結果都不太壞。

　　仔細分析朋友所說的話之後，我發現，成功的人大致上的特質都和他說的差不多，懂得感恩、能主動解決問題，更重要的是，這些人有挑戰困難的決心和勇氣。

　　一個人能自主解決寫作疑問，探究網站讀者需求和網站推薦風格，並敢於嘗試，是一個人能成功的前提。進入一個網站創作，就像進入一個創作市場，很少有人會專門去幫作者做培訓，因為在大的市場環境下，優勝劣汰制幾乎是默認的，如果一個人不會主動反思，不能自主解決自己大部分問題的話，註定會被這個市場淘汰。

　　我想，這不單只是作者和作者之間收入拉開差距的原因，任何一個工作職位上，這點都會是一個人的人生和另一人的人生拉開差距的原因之一。

記得曾在書上看過，決定人和人一生差距的，有時候是最開始那關鍵的幾步，如果在關鍵的路徑上能主動解決問題，得到一定程度上的正回饋，那他就會越來越順，在這條道路上越走越遠。真正厲害的人，都有一種不需要別人灌輸就能主動、獨立自主去尋求解決問題方法的意識。

那種能靠自己主動解決問題、盡量不去麻煩和依賴別人的人，別人和他們交流起來，也會覺得特別輕鬆，因為他們接受資訊的方式不是被動承受式的，而是能全面理解別人的需求。帶著那種依靠別人灌輸資訊慣性的人，已經失去了靠自己主動解決問題的能力，一項原本應該由自己自主負責全部流程的工作，卻還抱持著某種盲目等待的姿態，等待著別人指示到哪一步他們就做到哪一步，從來都沒有那種靠自己摸索學習、主動找方法把問題解決的意識。

遇事永遠等待別人的指示，從來都沒有認識到，自己不是敗在工作環節，而是從一開始就放棄了靠自己主動解決問題的想法，把自己那些問題的決策權完全交到別人的手裡。

很多人對於成年人的要求就是責任感，要看一個人是否厲害，不能以身分來劃分，而是要看他有沒有獨立承擔責任的自我要求。

　　這世界就像一個冷酷仙境，真正的偶像永遠孤獨而堅強。翻翻大神們的履歷你會發現，那些團隊的核心骨幹，大部分都在沒有鼓勵、沒有認可、沒有幫助、沒有理解、沒有寬容、沒有退路只有壓力的情況下，咬牙闖關，獨自解決自己面臨的困境。

　　當然，這並不是說那些勇敢的、厲害的人就不需要和別人協作，當下這個萬物互聯的時代，每個人都需要別人的幫助。但是那些厲害的人，即使和別人協作時，也是具備主動意識的，他們有著清醒自決的能力，對於自己要解決怎樣的問題、哪一步應該怎麼做，都有自己完整的思路和清晰的方法。

　　我們每個人都曾依賴過別人，但我們總是要長大，不管我們願不願意，終有一天，我們都必須成為自己的主人。李敖曾經說過：「怕吃苦，吃一輩子；不怕苦，只吃半輩子。」

　　只有徹底摒棄對他人的依賴，真正從精神上獨立起來的那一部分人，才能成為自己生活和工作的主人，從根本上解決自己要面對的困境，走向真正從容淡定的人生。

第三章 不要隨便給別人添麻煩

學習，而不是嫉妒

　　朋友小蔡在公司有個死對頭，名字叫阿明。

　　說是死對頭，其實也不完全準確——畢竟阿明並沒有什麼得罪小蔡的地方，只不過阿明平時工作表現太優秀了，常常能超出期待完成任務，所以讓小蔡心裡感覺很不舒服。

　　用小蔡的話說就是，阿明的存在，總會讓她生出一點「既生瑜，何生亮」的感慨，有些明明可以歸她獨享的讚譽，因為阿明用同樣優秀的成績映照，她感覺自己的興奮感和驕傲都瞬間少了一半。

　　當然，小蔡這種似有若無的敵意，阿明也能隱隱感覺到，所以在公司的時候，除了部門之間非做不可的合作交流之外，兩個人幾乎都不怎麼說話。

　　本來相安無事的兩個人，突然因為總部的安排要在一起合作，原因是因為小蔡的部門有個專案需要融資，而阿明剛好精通金融財務領域的知識。主管告訴小蔡，這個專案對公司來說

很重要，所以這個專案就由她和阿明共同負責。

　　小蔡當時欲哭無淚地找我吐槽——她討厭阿明，一點也不想跟阿明合作。我說沒辦法，大家都是成年人，總不能因為自己的嫉妒心就和錢過不去吧！

　　痛定思痛之後，小蔡還是主動聯繫阿明，做好了專案資料之後，禮貌地陳述了一下公司專案情況，並且在會議上和阿明討論了這件事的結果。阿明詢問了很多專業上的問題，有些地方小蔡一開始並沒有準備好，但是為了不讓阿明瞧不起自己，小蔡又重新整理規範公司的各項報表，同時寫了詳盡的財務分析報告和風險應對措施等。

　　在整個過程之中，阿明時不時會提出各種專業的質疑，每一次阿明發現問題的時候，小蔡就要重新針對專案進行資料的調整，同時針對專案資料調查分析。到整個專案資料做完時，小蔡發現自己不僅對這個專案的財務預算情況已經非常瞭解，還對整個公司的財務運行狀況也瞭解了百分之八、九十。

　　另一方面，阿明也非常配合，在兩個人的協作下，公司專案終於順利通過，成功上馬。

　　再次見到小蔡時，小蔡興高采烈地告訴我，阿明在專業能力方面確實很強，如果不是阿明的加入，她不會在這麼短的時

間內就完成專案資料，找到融資的關鍵點。

　　同時，更讓小蔡高興的是，經過了這次和阿明的合作，她也明白了，在好的合作狀態裡，帶著那麼多情緒是沒有價值也沒有意義的。工作需要專業技能上相互匹配、勢均力敵的盟友。放下情緒去看阿明，阿明是個非常不錯的合作夥伴，如果有機會，她希望還能夠再和阿明繼續合作。

　　其實，人與人的交往之中，的確會和小蔡一樣，帶著某種情緒，但是，真正意義上的合作，合作的是我們的行為目標。帶著情緒去做事情，在擇友的情感判斷中或許有用，但遷移到學習和工作中合作上來看，對自己則有很大的影響。

　　記得我一個以前的同事阿冉，曾經很熱心地幫她朋友小月介紹工作。因為阿冉的內部推薦，小月順利地進入了阿冉的公司，老闆也本著培訓新人的想法，讓小高帶著小月先熟悉公司的產品和客戶。

　　但是讓阿冉沒想到的是，小月作為朋友非常熱心，但是作為工作上的夥伴卻完全不合適。每每當阿冉想要向她介紹公司產品特性和客戶的情況時，小月總是有些心不在焉。有時候，小月甚至聽不到三分鐘就開始抱怨，說工作內容太過複雜，自己現在才剛來，實在是沒有辦法記住這麼多東西。時間久了，

阿冉也看出了小月的心思並不在工作上，只能默默收起自己想要教她的心思了。

　　但是小月也並非全無好處，每次阿冉加班晚回家時，小月都會主動幫阿冉帶些吃的，她出去玩時，如果買了什麼好吃的東西，也不會忘記幫阿冉帶一份回來。

　　本來兩人一直延續這樣的模式也無妨，但是因為小月的加入，阿冉所在部門的業務要求也跟著增加，部門的其他成員開始對小月十分不滿，因為小月是自己帶來的，所以阿冉一直努力居中協調，勉強彌補著小月帶來的種種不足。

　　可惜的是，儘管阿冉一直努力彌補，但是小月還是出了紕漏。公司去洽談一個重要的客戶時，原本小月該帶的一份文件，卻因為她前一天玩得太晚，出門太過匆忙，將文件放在桌上忘了拿，部門的其他成員一氣之下，告到了老闆那裡。

　　這一次老闆沒有手軟，當即開除了小月，而小冉所在的部門，因為小月的失誤被扣了年終獎金，面對部門同事們責備的眼神，負責帶小月的小高特別難過，主動向老闆提出了辭職。

　　小月離開公司後，老闆單獨找阿冉談了一次，老闆告訴阿冉，一定要分清楚工作的界線，好的朋友不一定是好的工作夥伴，如果理不清這些關係界線的話，既會影響工作又會失去朋

友，簡直得不償失。

　　其實，我們大多數人都傾向於和熟悉的人、熟悉的朋友合作。害怕未知，無法面對恐懼，是人的本能，我們每個人的潛意識裡，都會不自覺地認為熟悉即是安全，所以我們會為了需要這種安全感，混淆情感界線和工作需求。

　　但是真正對合作關係有著深度理解的、心智成熟的人都會知道，職業合作的首要考量目標，應該是一個人的綜合能力，而不是這個人與我們的情感關係。分得清楚這之間的界線，是人思考邁向精細化的重要指標。

　　知道什麼人能做什麼，比致力於把朋友拉入我們的職業裡，或是希冀於把朋友培訓成一個和我們具備同樣能力和愛好的人要有效得多，這也是為什麼現代很多企業傾向於異業合作的原因之一。

　　除了工作之外，我們身處的這個時代，已經越來越趨向於向陌生人的社會，人與人之間的很多合作，都是基於技能交換，而不是基於建立情感。顧全大局、就事論事，是每個成功人士的必備素質，而釐清人與人之間的界線，才能更好地安置我們的人生。

尋找生活的意義

　　暢銷書《被討厭的勇氣》中有這麼一段話：

　　「青年」說，他的祖父在養老院臥病的最後階段，因為認知障礙，連自己的兒孫都不認識了，若是沒人照顧他，他可能就根本活不下去。因為「哲人」前面說過：「對別人有用才有價值。」如果按照這樣的標準，他的祖父當下已經對別人沒什麼用了，所以他的生命是不是也就沒有什麼價值了？

　　「哲人」給出的答覆是：「不要用『行為』標準來看待生命的價值。最簡單的例子，如果你的親人出了意外，陷入昏迷甚至有生命危險時，這個時候，你根本不會考慮他做了什麼有價值的事情這一類的問題，你所有的注意力都會被親人是否還能活著這件事所占據，只要能活下去，別的都不是問題了。」

　　兩人之間的這段話，讓我想起了我很早以前看過的一部電視劇，電視劇的名字叫《一公升的眼淚》，這部電視劇講的是一個患了罕見病的小妹妹池內亞也，和命運抗爭的故事。

　　池內亞也在高中時被診斷出患有罕見的脊髓小腦變性症，手腳自主活動與語言能力將逐漸喪失。在得知自己遭此不幸時，她曾經抱怨過，也哭泣無助過，但是最終，她還是選擇了勇敢面對一切。

　　爲了鼓勵自己，她開始寫抗病日記。隨著病情的加重，她的肢體活動能力也越來越差，但是她始終堅持寫，每天寫，一字一字記錄著外面的風景、身邊親友的煩惱、醫生給她的鼓勵……等等，當然，她也寫下了自己的情感、自己在面對病痛時的惶恐，和決心對抗病痛的勇氣。

　　一直到生命的最後一刻，池內亞也才停筆。

　　只活了二十五歲的池內亞也，還有很多事情沒有來得及去做，但是，她用她手中的筆和寫下的文字，鼓勵了很多人去和人生抗爭。

　　空谷幽蘭，不涉人間，也貢獻了美麗和芬芳。她用這樣的方式，尋找到了自己生命的意義，雖然她只活了二十五歲，但還是用這樣的方式讓人們記住了她。

　　記得中國哲學家陳嘉映老師曾經說過，有天賦的人，應該盡可能地挖掘自己的天賦，努力爲這個世界做出貢獻；如果只是一個普通人，就應該盡可能地保持自己的活力，保持著對世

界的好奇心，努力經營自己的人生。所以不管什麼樣的經歷，
在未來的某一天，可能會照見其價值；不管什麼樣的人生，都
自有其的意義。

　　記得我有個在日本留學的朋友說，日本令她感到很震撼，
因為即使明天就要戰爭了，大家今天還是在自己的世界安然的
生活。僅就這一點來看，生命潛力巨大，哪怕死亡就在眼前，
我們也要頑強地過好自己的每一天，在活著的時候，像煙火一
樣，綻放最耀眼、最絢爛的光芒。

　　人生充滿不確定性，誰也不知道明天和意外哪一個先到
來，大部分的人面對自己的未來，都是未知的。篤心明智，過
好自己當下的人生，不是為了功成名就，而是為了生命本身，
過好每一天，做好當下的每一件事，當意外來臨時，我們能夠
沒有遺憾。

　　每次在我看到關於生與死的思考時，我就會問自己，如果
今天是一個人生命的最後一天，那麼他還會背井離鄉、遠離親
人和朋友，為了錢在外面漂泊嗎？如果今天是一個人生命的最
後一天，那麼他還會因為自卑和害羞，不敢對所愛的人說一句
話我愛你嗎？如果今天是一個人生命的最後一天，那麼他還會
因為一點小過節，就在心中和言語上怨恨自己的親人朋友嗎？

　　我相信，如果眞的到了生命中的最後一天，很多人都會認眞思考自己的人生，開始眞正關心自己內在的感受，去完成那些不讓自己留下遺憾的事，去欣賞那些一直沒有來得及欣賞的風景，去愛自己還沒有來得及愛的人。

　　很多事情，或許只有到了眞正的最後時刻，我們才會有動力和勇氣去改變。我們在此生最重要的事，是尋找到我們自己人生的意義，面對命運帶給我們的痛苦，我們努力抗爭對抗，堅強和陽光不僅圓滿了自己，也慰藉了家人，更感動了陌生人。我們生下來的時候，並不知道我們人生的意義是什麼，我們人生的意義，就在於尋找意義，爲生命賦予意義。意義感是人區別於動物的核心，生而爲人，我們從來不滿足於只是活著呼吸空氣本身。

　　愛過，活過，才能點燃生命的本眞，在這個世界留下我們作爲一個人最好的證明。

找到你的節奏

　　侄兒大學畢業時，因為考研究所錯過了校園人才招募，在網路上投了許多履歷都沒有得到回應，後來在別人的推薦下，購買了許多成功學的課程。

　　早上起床時，我看到他在圈裡發了不少暖色調的圖片，圖片下面還會配上一段激情昂揚的狗血文字，以示自勵。中午吃飯的時候，他告訴我，同學推薦他去參加知識付費的課程，覺得這樣或許可以找到捷徑，他同學還列出了許多知識付費的課程標題和主講人的名字，最後推薦他報名學習一個人民幣四千多塊錢的培訓課程。我雖然覺得有些不妥，但是奈何拗不過侄兒，只能讓他去報名課程。

　　晚上我問他今天學到了什麼，他說老師告訴他們，現代人最大的問題，就在於玩手機的時間太長，所以從現在開始，他不能再浪費一分一秒的時間，不能再消耗自己絲毫的生命，每一刻都必須用來學習真正有用的知識，這樣才能找到工作。

　　我告訴他，工作是具體的事，也有運氣的成分在，這些課程提升的其實是他的認知，具體的技能還是得花時間學習。如果想要找到工作，還是要針對自己的優缺點和學習目的分析，而不是盲目的買一大堆認知課程。

　　果然不出所料，一個月之後，侄兒就偃旗息鼓了。雖然花了人民幣四千多塊錢，但是我還是鬆了一口氣，如果他一直都處在這種類似於灑狗血的狀態，身體或是精神總有一個會出問題的。

　　他告訴我，最初在同學向他推薦那些付費課程時，他也嘗試去聽過一、兩次，可是聽到最後，發現翻來覆去總是同一套東西。似乎講了一大堆道理，卻沒有學到什麼真正有效可行的知識，所以他就放棄了。當然，這些課程不能說完全沒用，但是從功能上看，只能算是一檔益智性娛樂節目罷了。像他同學那種日常亢奮，不能算是學習，只能算是焦慮。

　　其實，任何努力都必須符合基本的自身規律才能持久，學習不能僅止於一時衝動，而是一場直到人生終結才能停止的馬拉松。

　　短暫的衝動不但沒有效果，有時候還會傷害一個人的熱情。光有目標，沒有路徑是不行的，但是這問題的癥結不能完

全歸結於侄兒本身，在這個資訊爆炸的時代，市面上充斥著太多讓人眼花繚亂的資訊，如果一個人沒有強大的認知和辨析能力，很容易就會被這種焦慮的情緒捆綁住。

　　記得公司有個女孩，實習的第一天就被主管批評了，她對此感到十分沮喪，下班之後，她來找我，希望我能推薦幾本讓她可以快速熟悉專業知識的書給她。基於對她以前的性格，以及我對她當前工作內容和工作狀態的大致瞭解，我拒絕了她請我推薦書籍的要求。

　　她十分疑惑，我跟她說，她現在最需要做的，其實是好好休息，然後思考公司需要的是什麼，盲動的結果常常就是徒勞無功。在混亂的心情下，一個人很難有時間潛心讀書，若是強壓給她學習的要求，只會讓她更加焦慮。

　　後來在她工作上手之後，我根據她當時的實際情況，主動推薦她一些我們工作上可能會用到的專業書籍，又列了幾本相關的延伸讀物。我把這些書單做成表格，連同購買的網址一併用郵件發給她，在郵件裡我告訴她，真正要學到某種知識，需要一個專業、系統的認識和思考過程，在這個基礎上，再加上一些實際操作上的訓練，才能完整地認識這個東西。而這個過程需要很長的時間，不能太著急。

　　我告訴她，在她第一次詢問我的時候，我沒有答應她推薦書單的要求，是因為每個人的學習基礎不一樣，想要透過學習達到的目的不一樣，專業選擇的走向和擅長的部分也不一樣。經過一段時間的接觸和瞭解之後，我大致對她的學習狀態有了一個基本的把握，然後才把相關的書籍推薦給她。

　　其實，我能理解她和我侄兒的狀態，他們初入社會，在受到挫折時，會買一些書、一些課程來進行心理上的自我催眠。在他們年輕的思維裡，認為自己讀了這些書，達成了某個目標，就能稍稍緩解一下自己在工作上的焦慮。

　　我們都曾急於改變，但是真正要改變的，是一個人自己的心態，以及自己和世界相處時的思維模式，我們應該先認識自己，然後才能認識世界。

　　很多時候，我會在網路上看到，有人會用一些諸如「三天教你寫作課」、「一年賺一百萬的祕密」等誇張的標題來搏人眼球，吸引那些沒有多少辨識能力、剛步出校門的年輕人，成為自己的課程受眾，利用他們迫切想要成長的心態，來製造出某種焦慮。

　　這一切，都是利用人們急於成功的心理，只呈現結果，不陳述路徑，把本來需要十年的時間硬說成十個月，把黯淡的前

景加油添醋說成光芒萬丈，把1%的盈利說成1000%。

　　真正的學習是從自己的實際經驗出發，努力改變自己的一個緩慢過程。獲得知識的路徑是漫長且辛苦的，這個過程，和我們認知的提升捆綁在一起，那些能更清晰認知到自己優點和缺點的人，才能盡可能的避免浪費時間，更快地找到自己的位置。不要太焦慮，不用羨慕別人的成功，回過頭看看，身後同樣有很多人在羨慕自己。其實我們沒有那麼糟糕，在別人的眼裡，我們同樣已經混得不錯。

　　我們每個人都帶著自己的過去在生活，有著自己的經驗和環境，只要我們一直向前行，一直努力向良性的方向發展，一直在不斷累積學習，我們就無需焦慮。雖然我們習慣了向前看，但是也不要讓一個個光彩奪目、熠熠生輝的成功者蒙蔽了我們的視線，讓我們以為自己身上全是陰影。

　　不用那麼心急，生活不是考試，我們不可能永遠都考到第一名。人生是場馬拉松，計算好自己的體力，按照自己的節奏跑，我們的身後還跟著許多人，不用著急衝刺。

　　不要因為別人的工作更好、別人的工資更高而焦慮，我們可以看看更辛苦的人，然後我們就明白自己的長處在哪裡，把自己手上的本職工作做好，然後再不斷地自我學習和提升自

己，一定會找到合適我們的位置。

　　不要因為別人對我們的生活挑剔而焦慮，我們每個人都有自己的生活節奏，自己的日子需要自己去過。不要只看到有人開著名車，還要看到有人只能騎腳踏車，有人只能坐公車，還有人甚至穿不起一雙好鞋。但是，每個人都能從自己的實際出發，不斷地超越當下的自我。

　　去大自然呼吸新鮮空氣，感受植物在陽光下曼妙的姿態，去陌生的城市看看別人的柴米油鹽醬醋茶，從這裡面找到生活藏附著的善意；在孩子們嬉笑打鬧的身影中，感悟生命的蓬勃和張力。放下焦慮、輕裝上陣，按照自己的節奏成長，才能走得更穩健，走得更平和。

與其抱怨，不如改變

　　公司有個小妹，因為工作不順，幾乎每天都要抱怨公司的工作內容。

　　我在茶水間聽到她的談話，只聽到她跟我說，她明明不會Photoshop，但是配圖上要改幾個字，直屬主管非要她自己搞定不可。

　　又說她要去財務部報銷費用時，她覺得自己明明已經在簽呈文件裡把幾項支出羅列得十分清楚，但是財務部非要她把報銷憑證按照會計規範填寫完善才行，為了這件事，竟然還要被打回來重做好幾次。

　　再比如平時寫工作報告，她覺得自己已經把她做的事情寫得很清楚了，但是老闆看過之後，只要有語言文字甚至格式不合規範的地方，也要退回來請她再改一遍。

　　我問她，既然她有這麼多怨氣，為什麼不願意提出來呢？出乎我意料的是，小妹給出的答案是，直屬主管工作能力很

強，雖然她覺得要求很多，但是她覺得對方說得很對。

　　小妹告訴我，她的直屬主管文理兼修，數字感很強，邏輯理論扎實，很多時候，那些財務報表他只要看過一遍，就能指出關鍵問題，跟專業的會計師相較不遑多讓，而且直屬主管還熱愛生活，除了工作之外，日常也是個十分有趣的人。

　　「既然她說得很對，那你爲什麼不好好跟著他學習呢？」我反問了小妹一句。

　　這一次，小妹猶豫了一會才說：「那怎麼行呢！我又不是學這個專業的，需要那麼多規範的語言幹什麼？再說，只要我幫公司做的這些事是眞的，爲什麼還要我把單據按照規範填寫好了才能報銷啊？還有，我每個月就這麼一點工資，難道爲了報銷，我還得去學會計專業嗎？我學得越多，他讓我做的事就越多，我就越會被他壓榨，一直爲他創造剩餘價值。如果我不會做這件事，他就沒有辦法安排我做，時間長了，他自然只能安排別人做了。」

　　聽著小妹的長篇大論，我笑著跟她說：「我現在知道爲什麼你一直向我抱怨工資低了，因爲你對自己的認定，就只是一個基層員工，如果你跳不出這個職位設定，卽使想要幫你調漲工資，都找不到理由。」

　　小妹的想法和我的幾個晚輩都很相似，我的一個侄女畢業後，一年內跳槽了好幾家公司，理由大部分都和這個小妹差不多，都覺得自己在工作中要學要做的東西太多，一旦自己學會了，總有一種以後這件事就會變成分內工作的心態，覺得隨時會被公司和上司利用自己的能力來壓榨自己，所以還不如從一開始就不要學會，一切維持現在這樣就好。

　　他們的這種說法，讓我想起一個我在國外工作的親戚。這個親戚的家庭條件不是太好，因為家庭條件的限制，他只能勉勉強強讀完了大學，畢業之後就開始四處找工作。這個親戚在學校學的也並非熱門科系，讀書成績也不是太好。

　　當然，他唯一的好處大概就是性格，他的性格非常溫和，自我要求也比較高，但凡公司安排下來的任務，不管主管需不需要回饋和檢查，他都會認真對待，一絲不苟地完成。工作中遇到自己不懂的問題，不管是主動查資料也好，還是向別人諮詢也好，他都會主動去學習相關的專業知識。

　　就這樣，他在工作之中，堅持閱讀學習，同時結合工作的日常實踐，很快就成為部門的業務主管。實在太困難的地方，除了諮詢身邊的人之外，她還會主動在網路上詢問專業人士，直到自己能把這個問題弄通弄懂才甘休。

　　就這樣，幾年下來，他不但成爲了本行業的精英主管，同時對整個公司的運營邏輯、運營方法及產品的市場方向，也有了很多自己的見解和想法。

　　他告訴我，經過這幾年的學習他才發現，那些被淘汰的人都有一個特點，踏上了工作職位後從不看書，停滯學習，思想上慢慢地已經落後於時代，變得難以溝通；同時，他們因爲害怕自己有了更大的價值而被壓榨，所以寧可得過且過，然後慢慢就被職位淘汰了。

　　其實，人在自我成長的過程之中，或許會損失一部分利益，但是卽使被人壓榨，也好過什麼都不做。就像我這個親戚一樣，在這樣數年如一日的學習裡，他已經遠遠地將很多同齡人甩在了身後。

　　雖然可能能力越大被壓榨得越多，但是他自己的收入也都隨著自己能力的提升而水漲船高，此外，他還具備了更多的主動權。所以在他擁有一定的能力之後，果斷地跳槽到了更好的公司，在新工作職位上，他仍然堅持學習，找到了更多的機會，認識了更多的專業人士。

　　後來他晉升到海外的公司總部，在總部的支持下，他讀完了研究所學位，後來又考上了博士，他現在的年薪，已經是當

初入職時的十倍。

　　這個親戚和公司小妹之間的對比，讓我想起一句話：「性格即是命運。」從工作伊始，我這個親戚就沒有害怕過自己會被別人利用，始終堅守共贏的原則，反而變成了別人眼中的人生贏家。

　　害怕被人利用，就放棄了學習和自我提升，雖然這是人之常情，但是我們不妨也從反向思維的角度，來思考一下這個問題——如果我們為了占便宜，而從來不進行自我能力的提升，這個世界上也沒有任何人願意利用我們，這樣的人生，又能有多少價值呢？

　　記得有人曾做過一項調查諮詢，當他問那些在學的學生，他們學習是為了誰時，百分之八十的人都會告訴他，他們的學習是為了自己；他說，那些早慧一點的還會說，多學習可以改變自己的命運。

　　但是當他用同樣的問題詢問社會上的在職人員時，所得到的卻是完全不同的回答，那些人告訴他說，自己已經很多年沒有學習了，平時工作太累，下了班完全不想看書，就算提升職業技能，也很難真正的加工資，反正是給老闆白打工，還不如躺平休息。

　　兩種截然不同的結果對比，引人深思。

　　人們常常說，只有專注、純粹的人才能成功，但是大部分活在慣性裡的人，都會先考慮結果，再去反推過程，卻不知道每件事都要先有過程，然後才會有結果。

　　如果每個人都把工作職位和自己的人生選擇，看成是一個靜態的呈現，而沒有多角度和逆向思考能力的話，很容易就會讓自己停滯不前。

　　只要我們還有謀生的需求，或多或少都需要和別人進行利益交換。當我們的能力越強大，在這些交換的過程之中，就越能占據主動的位置，這其實是一個緩慢提升的動態過程。所以，真正能提升自己的價值，一定是那種願意和別人共贏、願意自我提升的人。

　　事實上，這個時代的很多事情，必須要靠多人合力才能實現，最終能走向長遠的人，要學會把自己看成一個節點，不斷地去連接那些比我們厲害的人，向他們學習，最終進行自我提升。我們要在學習之中，學會遷就別人，學會合理讓出自己部分利益的同時，獲取我們自己可利用的資源。

　　這不僅是當下這個時代之中，人與人合作的真諦，也是每個能登高行遠之人的必備技能。我一直認為，要擁有一個主動

的人生，不要怕被利用，只害怕自己沒有被利用的價值。

　　真正有意義的人生，要先有厚度，然後才會有高度。真正有質感的生命，既需要和這個世界交流，同時又能保持自己的獨立性。

　　真正有智慧的人，都懂得先學習後享受，不會在沒有技術和資本的時候就跟人博弈，而是到哪裡都有資格提要求的人。

情感長久的秘密

　　朋友的孩子出世時，請我表姐在國外幫她代購一些奶粉，表姐幫她帶了幾次之後，她竟然把這件事當成了常態，三番五次讓我表姐繼續幫她代購。

　　表姐平時的工作很忙，逛街購物的時間很有限，雖然她每次都滿足了朋友的要求，但是在我朋友第四次向她提出代購的要求時，她終於明確的拒絕了。

　　她告訴我朋友說，她的時間是有限的，實在沒有辦法每次都為了買奶粉到處跑，一次、兩次還無所謂，但是太多次了就沒辦法，如果我朋友真的長期需要奶粉，表姐可以給她一個代購的電話，每次要買奶粉的時候，只需要找代購就可以了。

　　我朋友雖然有些生氣，但是仔細想了想表姐說的話，覺得也不無道理，長期以來，她只想著自己的需求，並沒有考慮到別人在這件事中的感受。表姐告訴我朋友，從她的角度來看，她沒有接觸過太多這方面的資訊，所以不能給我朋友提供代購

幫助，也是正常合理的，如果是專業代購，她們是等價交換的概念，對方會在價錢合理的範圍內，幫我朋友提供她力所能及的服務。

我朋友把這件事告訴我時，我說，反過來想，這件事也很不錯，花錢享受到等價的服務，這樣的事情對雙方都有利，這件事才能長長久久。如果老是欠別人人情，這件事其實就不容易往下進行了，就算她願意，下次如果需要再找她幫忙時，也不一定好意思開口。

朋友說，她思考了之後，也覺得確實應該這樣，如果雙方持續處在一種不對等的關係之中，這種關係是不能長久的。只有雙贏的時候，才是一種對彼此都有效的激勵，這樣雙方才能把一件事情持續做下去。

這件事，讓我聯想到我自己剛入行時的狀態，我在加入現在公司的前半年，工作上的很多事情我還不太懂，日常工作進行也不是很順利。有時候，主管交待我第二天要做的事情，我自己不太想做，就會用郵件把工作內容發給我一個擅長做專案修改的朋友，請他幫我搜集資料、彙編案例，甚至有時候一些需要思考和處理的地方，我也會打電話給他，讓他做好後發到我的信箱。

　　後來某一次，我請他幫我處理一個專案報告裡的各類檔案資料時，他當天雖然答應我了，但是第二天我要交給主管審核的時候，他卻打電話告訴我說，他這兩天太忙了，實在沒有辦法幫我，如果方便的話，我可以付費讓專業人士幫我做一下。

　　掛掉電話後，我大概知道朋友只是很委婉地向我表示了拒絕。果然，他隨後發微信告訴我：「如果我真的為你好，我應該告訴你，這個世界上不會有人願意無條件地幫助你，在成年人的世界裡，沒有人幫你才是常態。你只有明白了這一點，才會有自主意識，才會開始學著自己處理自己的事情。」

　　朋友的話讓我醍醐灌頂，為了完成公司指示的任務，我只能硬著頭皮，開始自己學著處理各種圖片資料、核算專案文案中的資料，審核各種資料的準確性，一直加班到凌晨，才把專案報告中的各類檔案整理完備。

　　我自己做完了一遍完整的流程之後，我對工作中的關鍵資訊也有了一定程度的瞭解，這個時候我才明白，如果我沒有擺脫工作上對朋友這種習慣性的依賴，我就永遠也沒有主動解決問題的意識。

　　如果沒有這次的經歷，我也還不會意識到，自己其實早已越界，一直在用感情捆綁朋友，而不是靠自己去完成本該由自

己掌控和完成的工作任務。

　　很多時候，我們都會混淆情感邊界，但經歷得越多就會越明白，人最終都要靠自己解決問題。當我每一次想要責怪沒有人幫我的時候，我都會想起那句話：「在成年人的世界裡，沒有人幫你才是常態。」

　　當我每一次靠著自己單槍匹馬做完那些原本看起來很難的事情時，我都能感覺到，這種超越不僅讓我學到了更多知識，也令我的內心更加強大。

　　其實不僅是我，這個世界上的很多人，都對別人有著莫名其妙的指望，帶著依賴他人的慣性，內心都渴望著別人來指導自己，為自己的困境提供幫助。但真正的世界裡，絕大部分人都是平凡人，都活在自己的世界裡，有自己的人生軌跡，很難有時間去關注別人，也很少有人願意一直無條件幫助別人。

　　我們在學生時代，習慣了依賴父母、依賴老師的指導，總是希望有人來幫我們解決問題，告訴我們應該怎麼做。一旦踏入社會江湖後，無法理解甚至不能接受這個世界真實、冷酷的一面，無法理解別人的幫助是有條件的，那是因為我們還帶著早期的思維慣性。

　　既然虛假的認知遲早都要破碎，為什麼不早一點接受它真

實的一面呢？既然早晚都要面對，為什麼不能提前適應呢？任何情感，包括我們和父母之間，都應該有其界線，因為在真實的生活中，沒有人會一直無條件幫助我們，就連父母提供給我們的資源，也有出現意外的時候。

　　不用綁架別人，保持自我和他人的界線，是成熟的表現。只有我們自己成為一個真正心智開化的人，才能更安放自己和他人的位置，才能擁有更加持久穩定的情感關係。

遠離那些負能量的人

　　我們身邊總有那麼一些人，他們永遠都在抱怨，抱怨社會不公平、抱怨主管無能、抱怨同事難相處、抱怨伴侶不體貼、抱怨孩子不聽話……，任何事情，哪怕事實上並沒有他說的那麼嚴重，他都只會往壞的一面想。

　　久而久之，他的孩子一聽到他說話就煩、就頂嘴；他的妻子見到他就有氣，懶得和他說話；他的同事見到他就躲、主管見到他就罵，他在社會上也混得越來越差。

　　這是一個奇妙的迴圈，他抱怨身邊的一切，身邊的一切會被他所影響，就以同樣的方式回饋於他，這就是負能量的可怕之處。

　　大多數的人並不知道，其實人是一種很容易被別人影響和同化的生物，如果一個人總是生活在負能量場之中，久而久之也會影響我們自己的心智。如果你不警惕身邊的負能量，它們就會慢慢侵蝕我們，把我們同化。

　　記得剛上班的時候，我和一個叫小許的同事關係很好，因為年輕，所以我們都還有些憤世嫉俗，成日裡都喜歡對身邊的事情評頭論足，只要看誰不順眼，我們就在一起對他一通抱怨，似乎我們身邊的人之中，就沒有我們看得上眼的。

　　公司的小主管只要有一點點做得不好，我們就會覺得他們尸位素餐，在其位不謀其政；公司同事只要開好一點的車，我們就會覺得他不可能年紀輕輕就有這樣的成就。對當時的我們而言，整個人有點像刺蝟，帶著一種眾人皆醉我獨醒的高傲，搞得周圍的人都不太敢靠近我們。

　　從這間公司離職之後，我和小許去了不同的城市，因為工作忙的緣故，彼此的聯繫也漸漸少了。在另一間公司工作時，我開始反思自己的問題，開始向別人學習，也開始理解別人，相較於之前，我的思想成熟了很多，看待問題不再像以前一樣偏激，也明白了自己在之前的公司，為什麼被很多人明裡暗裡討厭——歸根結柢，因為我太偏激，負能量太多。

　　經過幾年時光的打磨，我不再像以前一樣，遇到事情就往壞處想，遇到問題就抱怨，而是去考慮背後更深層次的問題，積極尋找解決的辦法。在這樣的心態下，我自己也比以前開心了許多，不但工作上做出了成績，整個人也更有舒適度了。

　　有一天晚上，我讀完一本書後，發了一則貼文，這則貼文的大致內容是：「讀完這本書，突然有想幹一番事業的衝勁，希望透過自己的努力，有一天也能成為一個有成就的人！」

　　大概是小許也看到了這則貼文，五分鐘後，我接到了他的電話，一開始我們寒暄了幾句，隨後他說：「中國這個環境，你還想創業，創業者九死一生，勸你趁早死了這條心，我是你的朋友，這樣說是為了你好！」

　　我說：「我相信只要努力，能超越自己也是不錯的。」

　　他說：「你傻了啊？你越努力，資本家不賺得越多嗎？」

　　我說：「以前是不懂，我最近透過學習，發現每個成功的人身上，都有可取之處。」

　　他說：「你不會真的想做一番事業吧？」

　　我說：「現在不行，以後有這個打算。」

　　他說：「我勸你想想就好，憑你那兩下子，多半幹不成什麼事的。」

　　我說：「現在不行，不代表以後都不行，只要勤奮努力，總是會有長進的。」

　　他說：「現實點吧！別做夢了，那麼拚、那麼努力有什麼用？看再多書、學再多東西，你也成不了天才！」

我和他兩人之間的談話不愉快地結束了。曾經能和我共情的朋友，現在變成了「話不投機半句多」，當晚，我把貼文權限設定成對他隱藏了。

他的話讓我再一次反思了自己曾經的狀態：哀怨不斷，事事吹毛求疵，心態消極、有偏見，但是當我的心態轉變之後，雖然周圍的什麼也沒有改變，我卻感覺開心了許多。

想一想，你的朋友中是否有負能量的人，總是挑剔這個世界的時候，自己覺得開心還是不開心？如果你的朋友負能量爆棚，你可以試著去影響他，但如果試了幾次都沒有效果，請你趕快離開，和他保持距離。負能量是可怕的泥淖，除非他自己想走出來，否則你不可能拽得動他，反而會把自己給陷進去。

孔子說：「無友不如己者。」大概的意思就是，人要盡可能交那種比自己厲害的朋友。人很容易被身邊的人影響，即使一個人樂觀向上，但是如果身邊出現越來越多的負能量時，你很快也會開始疲憊，開始消沉，因為情緒最容易感染人，當你總是處在這樣的氛圍時，心情也就自然容易變得抑鬱起來。

一位作家說：「負能量是在鞭笞別人的不好、責罵社會的不公；正能量是在講完後告訴你，即使再苦，我依舊可以經由努力去改變。」

　　如果一個人只會抱怨，不能改變，就會越來越淪陷進情緒的泥淖，失去自己的陽光和活力。遠離那些會給我們帶來負能量的人，同時約束自己，不要成爲負能量來源。

　　我們都是凡夫俗子，偶爾有壞情緒也是正常的，向朋友吐槽、抱怨，在某種程度上會有釋放和宣洩的作用，但是沒完沒了的抱怨，就會讓人受不了。控制自己的情緒，成爲一個陽光的人，一個能給別人帶來正能量的人。

　　萬物靠陽光才能生長，而心靈也需要正能量的滋潤，不要在負能量上浪費時間和精力，主動敞開心胸，讓陽光灑入，成爲一個更溫暖、更明媚的人。

第四章 格局決定你能飛多高

對自己，要有大手筆

　　前段時間有一篇文章紅遍了朋友圈，大意說的是很多年輕人不考慮自己的收入，只買貴的和名牌的。我身邊就有幾個這樣的朋友，他們會花很多錢買奢侈品，但是卻不顧基本涵養和內在修煉，一味地用華麗物質堆砌自己的「精緻」。我勸她們時，她們告訴我說，這是對自我的投資。

　　雖然每個人都有自己的生活方式，但是她們對投資的「定義」，卻引發了我的沉思。股神巴菲特說過這樣一句話：「一個人能做出的最好投資，就是投資自己，讓自己立於不敗之地。這樣的投資，稅收機關不會對你課稅，甚至通貨膨脹也無法影響你，沒有人能帶走你自身學到的東西，每個人都有這樣的投資潛力。」是的，捨得在自己身上花錢，把資源轉化爲刻進自己骨髓的本事，誰又能拿得走它呢？

　　但是說到捨得在自己身上花錢，很多人可能會有誤解，認爲滿足自己的物質需求，就是捨得在自己身上花錢。像我身邊

那幾個朋友那樣，買一堆奢侈品來滿足自己的物欲，把自己打扮得更漂亮，就以為是在自我投資。事實上，真正意義上的投資自己，是錘鍊、豐富自己的內含，如果只是花錢提升外在條件，這只不過是在包裝自己，而不是投資自己。

　　投資自己的第一步，就是摒棄那些拖垮你的壞習慣。每個人身上多多少少都會有一些壞習慣，小的可能無傷大雅，大的就可能影響整個人的生活狀態。

　　比如我的朋友曉曉，她本來是個非常漂亮的女孩子，但由於工作的原因，她被分配到離城很遠的一個村子裡，不但交通不便，購物也不便，連水果和泡麵都要先在城裡買好，帶到工作的地方去。

　　或許是心態有些失衡的關係，曉曉每逢星期五晚上，都會趕著回到城裡。換下樸素的工作裝後，她最大的樂趣就是先狂歡一場，然後再瘋狂購物，接著找到燒烤攤或是酒吧，再玩個兩、三個小時。半夜回到家後，肚子似乎又餓了，洗完澡吃頓泡麵，直到接近天亮才睡。第二天下午兩點起床，又一次重複前一天的生活。

　　如此幾年過去，曉曉白皙光潔的臉上，開始出現黃褐斑，原本緊緻的眼周皮膚，也被魚尾紋占領，曼妙的身材也開始發

福。曉曉很後悔，那些年日夜顛倒的陋習，拖垮了她整個人，現在的她不僅不再美麗，連日常工作都有些力不從心了。

由此可見，一個長期沾染的壞習慣，眞的有可能拖垮一個人。所以，眞正意義上的投資自己，並不是滿足自己的欲望，而是摒棄自己的某些不良壞習慣，把自己調整到情緒穩定、積極向上的狀態之下，爲了成爲更好的自己，打下堅實的基礎。在這個基礎上，我們才能培養優質的愛好和長期的習慣。

可能有人會不理解，愛好是發於內心眞正喜好的，要怎麼培養呢？其實很簡單，很多事物你之所以沒興趣，只是因爲你對它不夠瞭解。而在瞭解的過程中，你就會開始思考和實踐，開始領悟很多以前未曾接觸過的道理，一旦把這些東西內化，你就可能會對這件事產生濃厚的興趣，並由此找到自己賴以生存的技能。

同事阿華是個文藝靑年，寫作之餘最大的愛好就是攝影，幾乎每個週末，他不是拿著相機出去拍照，就是在研究美學原理。某一天，阿華從單位離職，我問他未來去哪裡發展，他說他已經成爲某品牌手機的主題設計師，單位的人聽了都大吃一驚。細問之下才知道，原來這都源於阿華喜歡自己製作手機主題的愛好。

　　此事發生在一年前，那時阿華換了一款新手機，用他的話來說，那款手機什麼都好，就是系統的桌布主題太難看，用起來沒有視覺美感。翻來覆去好幾天，阿華都沒有找到自己喜歡的主題，於是索性自己動手做了起來，做著做著，阿華喜歡上了這份小任務，於是越做越好。在某次發到網路上分享時，阿華設計出來的主題被一家網站看中，便和他簽訂了長期合約。

　　在此之前，阿華根本不相信自己會對做手機主題這件事產生興趣，更不敢想像這能成為他賺錢的技能。但是因為自己長期對這件事有興趣，不知不覺已經培養了豐沛的相關技能，所以後來才會有了這個工作機會。所以，培養一個優質愛好，是投資自己的關鍵步驟。

　　《拆掉思維裡的牆》一書中，寫到了一個人生試驗。在實驗中有兩個實驗對象，分別是小強和小明。兩個人的家庭背景和學歷條件都一致，當他們有了一些財富累積時，小強選擇了支付一間房子的頭期款，而小明則是選擇了投資自己。

　　接下來的幾年裡，小強因為背負著房貸，不敢有太大的開銷，生活總是克勤克儉，維持基本的溫飽已經很不容易，更別說什麼學習進步了。而小明則完全不同，他把那筆錢用於學習新知識、買書籍和建立人脈關係，每年在簡歷上穩定地增加一

個認證，人脈圈達到了小強的十二倍之多，升職的速度也幾乎是小強的兩倍。

　　十年後，小強在這家企業做到了經理的位置，年薪人民幣二十萬元；小明則用五年的時間升到經理之後，跳槽到了另外一家企業，從經理做到總監，之後又與兩個朋友一起創業，並擁有股份，年薪大概是人民幣六十八萬元。

　　由此可見，投資自己不僅能在收入上領先，更能在未來發展的道路上，擁有加速度的可能。每個人擁有的資源都是有限的，合理分配資源，以投資者的思維方式督促自己、提升自己，去活成自己喜歡的樣子。

逆襲，靠的是什麼？

　　曾經在某網站的訪談節目中，看過一個關於普通人在這個時代如何逆襲的訪談。

　　接受訪談的幾個人，算是各行各業的佼佼者，他們談了很多成功的充要條件，原本以為只是一個普通的勵志節目，但是其中有一個受訪者突然話鋒一轉，講述了一個讓我耳目一新的觀點。他說，其實他逆襲的原因很簡單，因為在人生加速發展的關鍵期，他始終堅守長期目標，而沒有臣服於短期欲望。

　　這個特質從他畢業時就有了，他說自己觀察到一個現象，很多大學同學畢業後，都急切地想要回饋父母。雖然這種想法很正常，但是從一個人成長的角度來說，卻不是最優選。

　　主持人問及原因，他回答說，傾全家之力供一個大學生畢業的確不容易，但是如果因為這種思維，而放棄了在年富力強的時候提升自己，沒有把鋼用在刀刃上的話，最終的結果是，大部分人反而跳不出原生家庭的圈子，只能被原生家庭拖累。

可能很多人的思維都是如此：爸媽供自己讀書不容易，好不容易畢業賺錢了，就想要讓爸媽過點好日子。他說，每個人都想過更好的生活，但是任何問題都不能只看眼前，如果只從眼前出發，而沒有長遠的規劃，幾年之後可能還是只能在原地踏步，沒有本質上的改變。如果想要獲得更大的職業競爭力，就需要從長遠規劃的角度，增加自己抵禦風險的能力。

抱持著這個原則，他綜合比較那些可能會有更多發展空間的工作，摸索著找到自己躍升的可能性。因此，在選擇第一份工作的時候，他最在意的是能不能保證自己工作之後，還有沒有時間學東西。為此，他拒絕了一些高薪但是工作時間太過長的工作機會，最後找到了一個時間強度適中、但是學習時間充足的工作。

當自己身邊的朋友，都幸福地向父母上繳自己第一份工作的工資時，他卻跟父母耐心溝通說，畢業後的那幾年，是人生的加速期，這個階段最重要的能力，是要學會排除社會上那些狂歡與浮躁帶來的干擾。

他看準了電腦未來的潛力，在工作的前三年，他用業餘時間學會了電腦程式設計。三年之後，在一個成熟的時機裡，他進入了國內一家知名的電腦公司，年薪約人民幣七十萬元。

　　主持人和他開玩笑說：「這個時候，你父母應該覺得鬆了
一口氣吧！」

　　他也笑了，父母是鬆了一口氣，但他還是沒有急切地像別
人那樣，給父母買車買房。主持人有些錯愕地問他為什麼，他
說他還是要做長遠規劃，這樣今後的人生才能更加從容。

　　這個時候，他又用了三年的工資，付了自己房子的頭期款
後，又幫父母買了價格不菲的商業醫療保險和社會保險，規劃
了父母生病養老的相關問題。

　　剩下的錢，他作為自己的學習成本，重新規劃自己的學
業，利用這筆錢，他讀完了博士學位。因為房子的問題和父母
的養老問題他已經解決，所以學習的焦慮也比別人小了很多，
可以安安心心地做研究。當很多同學在工作上因為體力透支而
逐漸呈現出疲態時，他卻穩紮穩打地升上了副教授。

　　同時在經濟上，當眾多同學深陷在老人和孩子的兩頭開銷
時，他幫父母投保了高額的商業保險，在他們養老看病時，發
揮了良好的作用，讓他不至於因為需要負擔兩個家庭的開銷，
而顯得捉襟見肘。

　　他告訴大家，很多同學畢業後，都沒有從更長遠的角度規
劃自己的人生和工作，比如原來有些專業成績不錯的，看到某

個單位待遇高，就急著要跳槽；原來有些不擅長某個領域的，因為對方提供了一個還不錯的機會，就抱著試一試的心態，在單位裡混著；還有一些明明在企業會有更大發展前景的，卻為了追求父母口中的穩定，去考了公務員，上下班的時間裡都在打遊戲，幾年後抬起頭看世界的時候，忽然發現這個世界已經把自己甩在了身後。他說，雖然他們從同樣的學校畢業，但是因為他更擅長完整的統籌規劃，才有了不同的人生際遇。

　　人生的每一步都很重要，當下的問題，不是當下產生的，而是由歷史和過去決定的。所以，從更高的格局規劃，才能掌握人生的主動性。

　　記得「知乎」網站上曾有一個很典型、很具有代表性的問題：「為什麼有些人能吃生活的苦，卻不能吃學習的苦？」

　　綜合底下的答案，我覺得大部分答案都一致認為，生活的苦是被動的，你只能承受；而學習的苦是主動的，你當時可以選擇吃或者不吃。大部分不能吃學習苦的人，是因為他們的思維一直停留在自己的舒適區域，沒有主動去吃苦的精神，所以當生活的苦難加身時，只能選擇被動承受。

　　人都是有惰性的，能舒適就不願意選擇主動思考。但是如果長期停留在自己的舒適區域之中，就會變得越來越懶，當變

數來臨的時候，完全無法克服自己的惰性，那個時候，卽使有心改變也來不及了。所以，從更高的角度俯瞰自己的人生，以更長遠的目標來規劃工作和生活，才是成功的祕訣。

如果拋棄我們那種短期的思維，抽象地面對自己所處的世界時，大部分人都會選擇先吃苦、後安逸。但是在具體的生活中，我們常常看不淸楚現實，無法對抗自己的欲望，也沒有這種選擇約束自己的勇氣。

如果能站在更高的角度，延遲一下欲望的滿足感和成果的回饋期，不急切滿足自己當下的情緒，而是從更長遠的思路規劃，安下心來分析一下長遠的最優解，就不會因爲要實現這種快速變現的欲望，而減損自己本來應該實現的人生價值。

有一個朋友和我說，我們在學習的時候，都誤認爲自己理解了更應該做的是「重要但不緊急的事情」，但是在人生的考試裡，我們常常會本能地用自己情感的慣性答題，選擇優先做那些「緊急但不重要的事」，因爲選擇緊急但不重要的事，幾乎是我們的本能。

反本能、反欲望，原本就是一種更高級的理智思維，正是這種更高級的理智思維，決定了我們的人生價值，決定我們的眼光和思考深度。當我們站在整個人生層面上剖析自己時，就

　　會看見生命應該呈現出一種流動的狀態，但是更多人卻還是被拘圍在自己過去的思維裡。人生的很多事一旦選擇錯了，就如同「多米諾骨牌效應」，會產生一系列的連鎖反應，讓你永遠都在被動地追趕命運的腳步。

　　這一切的源頭，其實都是我們一開始就選擇了被動，我們難以跳出當下本能帶來的情緒和欲望，就看不清未來的隱患，依照慣性對自己的人生做出錯誤的判斷和錯誤的選擇，帶來的麻煩卻無窮無盡。如果我們能清醒地看到以後的旅程，明白當下什麼最重要，就不會如此被動了。

　　真正決定我們價值的，是克服欲望後才能達成的成果。因為這些時刻，需要我們用到更高級的理智思維，需要我們放棄本能中的那些慣性。它是如此痛苦、如此艱難，注定了能做到這個層面的人，永遠都只能是少數。

　　當我們明白了這一切，在我們需要做出選擇的時候，就可以刻意提醒自己，不要依照本能去做選擇，一定要綜合所有條件分析，這個選擇到底符不符合我們長遠規劃的需求，到底會不會影響我們實現自己的目標？只有這樣，才不會錯過提升自己競爭力的最佳時機，才能掌握人生的主動權。

年輕就是用來奮鬥的

我有個女同學，她的經歷令我欷歔感嘆。

她上學期間，成績非常好，是同學眼中的學霸，輕輕鬆鬆就考上了自己理想的大學。按理說，一般寫到這裡，她就已經是很多人眼裡的人生贏家了，可是，這個時候，她的人生才走了不到三分之一呢！接下來她的選擇，可以說直接影響了她人生的後半程。

我這個女同學在讀書期間，認識了他現在的老公，她老公各方面條件都不錯，只是有一點讓人十分不解，老公始終認為她結婚後，不應該出去工作。在她老公的觀念裡，女人不需要在外拋頭露面，應該安穩地在家相夫教子，讓一個男人接管她後面的人生。

因為老公的要求，這個女同學在結婚之後，開始把精力投入在經營婚姻關係上。女兒出世後，老公家裡買了房子，承諾她什麼也不用操心，只需要在家帶孩子就行了。她本來想找個

離家近的工作，然而在公婆的勸解下，她最後還是放棄了這個
念頭，專心在家帶孩子起來。

　　大女兒六歲時，她覺得孩子上了小學，自己差不多也可以
脫手了，沒想到她剛動了找工作的念頭時，公婆和老公又以必
須要生兒子為由，讓她在家繼續生第二胎。

　　我回到老家見到她的時候，她剛生完第二胎，這一次，她
又生了一個女兒，為了這件事，婆家對她十分不滿，每天冷嘲
熱諷的。她說，自己本來也想找工作，有了工作就不用待在家
受氣，可是現在剛出生的小女兒沒有人願意帶，而且此時她年
齡已近四十，一生也從來沒有工作過，現在等於一點工作經驗
也沒有，當初婆家給他承諾的，就是讓她「安穩地」在家裡帶
孩子，沒想到現在卻又這樣子對待她。

　　在談話之中，她提到最多的，就是她當初結婚時的事情。
她說剛結婚時，是她過得最舒服的幾年，既不用做飯、洗衣，
也不用操心工作上的事，原本想著一輩子就這麼安穩過下去，
誰知道沒過兩年，他們家人就變了。

　　無獨有偶，女同學的這個故事，在很多人身上都上演過，
這樣的人間家常，我看到過很多次，大部分人一開始就選擇了
輕鬆的模式，但是後面卻越來越艱辛，然後她們成了逢人就抱

怨的「祥林嫂」。這些故事裡的人都有一個共同點，她們生活開始時，就為了舒適而放棄了自己自由的可能性。

　　我一個同事跟我說過另一個故事，她大學畢業時，班上有個和她關係不錯、功課也學得十分不錯的女同學。畢業時，同事進了一家外企，因為看到這個方向不錯，所以同事建議她的女同學，可以沿著自己的專業路線繼續走下去，能進外企就盡量進外企。但是這位女同學卻以外企太累為由，拒絕了同事的提議，主動選擇了回到小地方做基層員工類的工作。

　　我朋友的同學認為，選擇了在大城市工作這條路，就意味著自己要承受奮鬥之苦，她覺得，自己不想頂著壓力，每天操心工作，她寧可回老家，找一份輕輕鬆鬆不用操心的閒職，住在父母的房子裡，吃他們做的飯，自己領到的工資雖然沒有多少，但是卻勝在安穩。

　　我同事說，就這樣，她們走上了不同的道路。本以為她們之間不會再有交集，但是沒想到她同學有一天忽然打電話給她，原來她這位女同學因為生活太過安逸，慢慢封閉了自己的思維，開始放縱了自己的欲望，每天閒暇時間都用來打遊戲、追劇，完全放棄了曾經的理想和追求。

　　沒想到突然遇到了單位改制，她只能被迫離職，所以想托

她幫忙介紹一份工作。兩人再見面時，她發現這個女同學蓬頭垢面，看起來就像瞬間老了十歲，同事輕輕和她打完招呼之後，原本想跟她談談當下的局勢和未來發展的方向，卻發現兩人已經沒有任何共同語言了。她同學問她，哪裡有那種既輕鬆又能賺錢的工作？我同事問她有什麼相應的技能，她說，自己學到的那些東西，這麼多年來早就已經忘光了。

我很喜歡那句話：「不要在該吃苦的時候選擇安逸。」在成年人的世界裡，沒有活得輕鬆的人，如果一個人能活得輕鬆，那是因為別人承擔了他本來應該去承擔的那份責任。但是生命中有很多不確定的因素，如果把自己的生活完全寄託在別人身上，看不清未來可能會存在的風險，總有一天，我們會因此付出代價。

不管是我的同學還是同事的同學，她們現在的狀態，有很大的原因都是因為他們過分把希望寄託在別人身上，放棄了自己的努力。當生活發生變數時，當她們最終要靠自己面對自己人生的時候，她們完全沒有招架能力。

在生活中，我不只聽到一個人說過：「如果我有很多錢，我就每天什麼也不做，天天躺在家裡又吃又睡，那樣該有多舒服啊！」

　　我說：「第一，如果你有這種想法，你就不明白賺錢的本質；其次，如果你每天什麼也不做，你也不會有多舒服。」

　　其實，對一個身體健康的正常人而言，勞動是他的本質需求，如果人的一切活動，都是一眼就能看到底的舒適時，人的自由與創造性就被扼殺了。一旦一個人失去了創造性，就沒有生命的活力，人性便會成為一具乾癟的空殼。

　　當然，很多人會產生「有吃有喝有玩沒有束縛，就是最好的生活」這類的想法，那是因為他們並沒有體會過創造帶來的快樂，僅僅停留在滿足本質的欲望上。這個世界是守恆的，我們的基因註定了欲望被無限滿足的舒適感，不會帶來長久的快樂，只會帶來長久的空虛。

　　一個人真正自由的生活方式，是認清這個社會的狀況後，依然清醒地活著。每個人的生命裡，或多或少都有著對自由的渴望，當我們放棄了靠自己的強大，在束縛中尋找舒適感和穩定感，在生命的意外來臨時，我們就沒有任何的抵禦能力。

　　沒有人能享受真空般的樂趣，而不付出任何努力，很多表面上看起來輕鬆的人，其實也承受著很多我們看不見的壓力。在本來應該吃苦的時候選擇逃避，在本來該奮鬥的年齡選擇安逸，其實是把自己的人生交付給了別人，放棄了增長自己實力

的機會，也放棄了我們自由選擇的資本。

　　在年輕的時候主動放棄安逸的環境，是爲未來的自己增加砝碼，讓自己在風雨中錘鍊出應對風險的本領，以至於未來的人生選擇不至於太狹隘。

　　當我們還有能力改變自己、提升自己的時候，不要害怕離開自己的舒適圈，應對困難的能力、笑對人生的強大，這些都不是安逸和舒適能滋養出來的生命品格，而是一次又一次碰撞眞實的世界所帶來的生命厚度。

　　眞正清醒的人，在該努力的時候不會拒絕吃苦，在該奮鬥的年紀不會拒絕風雨，他們明白，只有厚積薄發，才能換來有一定自由選擇權的人生。

你想做木桶，還是做鑽石？

商場如大海，起起伏伏，虛虛實實，時間久了，越發明白友情的可貴。

恰好有幾位故交與我在同一個城市，於是大家約定隔三差五聚一聚。酒過三巡，菜過五味，便可稍減僕僕的風塵，說一些你知我知的話。

這時總有一、兩位老兄，嗓門越來越大，也有某些人忽然不再露面，問別人：「他幹嘛去了？」答曰：「公司裁員。」

裁員？怎麼會裁到他呢？當初在班上，他可是呼風喚雨的人物啊！腦袋聰明，人也肯努力，對公司、對朋友都稱得上用心。為什麼鬱鬱不得志？反而有些人看起來只出了三分力，卻混得風生水起，週一才買車，週三已經在看哪裡的別墅了。

我覺得那是因為有的人把自己當做木桶，有的人相信自己是鑽石。幼年時，叨陪鯉對，父母、老師說什麼就是什麼。他們希望我們乖巧，我們便乖巧；他們希望我們好好讀書，我

們便好好讀書；他們希望我們少犯錯誤、少吃虧，我們便會努力不犯錯誤、贏取稱讚。這種面面俱到式的教導，包含著他們對我們的愛護，當然不能說是錯的──好比一只木桶能裝多少水，取決於圈住木桶最短的那一塊木板有多高。

然而，當一群合格的木桶走到社會上，情況就變了。朋友李君做過一家財經雜誌的編輯，他告訴我，那時每天收到的稿子多達幾百份，其中起碼有六成與雜誌的定位不符，一篇篇讀完恐怕會累死，因此，編輯們會直接將它們刷掉。

他剛入行的時候，偶爾會讀幾篇，選出其中文辭優美、說理透徹的，寫一封信回作者，說明不錄用的理由。沒過多久，作者便再次投稿，文辭更優美、說理更透徹，可惜仍然跟雜誌的主題不符。有一位作者一直孜孜不倦地投稿，朋友也漸漸沒了回覆的耐心，後來乾脆一看到他的稿子就直接跳過。

這樣的人難道是不夠努力嗎？不！他們太努力了，忙著學文筆、學說理，學習一切跟寫作有關的東西，然而卻忽視了自己真正的優勢。說到底，優秀的作者都有自己獨特的地方，而這些獨到之處，就如璞玉、鑽石一般，起初看起來並不顯眼，需要按照一定的策略進行打磨。

歌手伍佰當年特別窮，只能在簡陋的房子裡安身，不過也

是在那裡，他開始試著將各種音樂風格混合，最後形成了自己
的獨特唱法；《水滸傳》塑造人物是一絕，書中的詩詞則不過爾
爾。試想一下，如果伍佰把時間全部花在苦練唱功上，如果施
耐庵花半輩子去學習詩詞寫作，他們還能夠有後來的成功嗎？

　　所以，有時候不是你努力程度的問題，而是走在錯誤的方
向上，不吸取別人善意的提醒，一條路走到底，最終也只是讓
人厭煩。

　　如果你正在為一個目標努力了很久，但卻始終沒有成果，
那麼或許應該審視一下，是不是努力的方向錯了，即時調整，
即時停損，也許下一步你就成功了。

　　找不到正確的方向，就等於在錯誤的道路上行走，努力越
多，越是南轅北轍，所以努力當然是要緊的，但是更重要的是
找到自己的優勢，從而找到正確的道路。

　　那麼，要怎麼找到正確的道路呢？答案是：「聽人勸，吃
飽飯。」

　　朋友張君曾經立志做一位運動員，由於他先天身體的體質
不夠好，於是他就成天泡在健身房裡往死裡鍛鍊，基本動作不
過關，他就花錢請教練，哪怕自己阮囊羞澀；身高達不到普遍
標準，他便轉而訓練彈跳能力，希望能一鳴驚人。

　　結果，正如大家所能預料的那樣，他一直沒有成為優秀的運動員，即使偶爾上場，也沒什麼讓人印象深刻的地方，以至於年近而立之間，仍然在四處奔波。

　　不過也正是在這個過程中，他跟各種各樣的人都打過交道。有一次，另一位朋友說起寫劇本的事，有個角色不知道怎麼塑造，張君恰好跟那類的人接觸過，三言兩句就讓人物形象躍然紙上。於是大家勸他，不如改行做編輯試試？他痛定思痛，毅然轉行，很快便做出了成績。

　　人生中的很多失敗，並不是因為努力不夠，而是因為我們暫時沒有找到最合適的方向。所以無論做什麼事情，在開始之前一定要認真思考，你所選擇的道路是否正確。只有走在正確的道路上，才能充分發揮自己的才能。

　　如果你是一塊鑽石，卻用木桶的標準要求自己，豈不成了笑話？更進一步說，一旦發現自己「搭錯了車」，就要及時下車、調整方向。

　　前兩年在網路上瘋傳一個說法：「千萬不要自己感動自己。」大部分的人看起來很努力，其實只是忙著把自己變成木桶。什麼熬夜看書到天亮、連續幾天只睡幾小時、多久沒放假了，如果這些東西也值得誇耀，那麼，富士康生產線上的任何

一個人都比你努力多了。人難免天生有自憐的情緒，唯有時刻
保持清醒，才能看清自己真正的價值在哪裡。

　　所以在做任何事情之前，請先靜下心來，好好想一想自己
喜歡什麼，自己擅長什麼，該選擇什麼樣的人生道路，唯有道
路正確，貴在堅持，才能真正體現出「貴」，每一滴汗水才算
流得值。到那個時候，大家相聚、眼花耳熱之後，才能說一句
「功夫不負有心人」。

你不是個小孩子了!

我小時候頗爲頑劣,父母常常指責我:「你看看那誰誰家的孩子,學習好又聽話,還能幫家長做點家務,你再看看你,能比得上別人一個手指,我就求神拜佛了!」

說來慚愧,「別人的孩子」到底是個什麼樣子,我一直到最近才有緣見到。有一位下屬,歲數不小了,兒子也到了適婚的年齡,卻一直沒什麼動靜,無奈之下,他向我探聽,看看我能不能幫他兒子介紹個女朋友。

那時是秋日,我們相約在咖啡館見面。小夥子一進來我就發現,他是那個「別人家的孩子」,身材高大,長相陽光,對服務生非常有禮貌,談吐也頗爲不俗。下屬家境不錯,學歷、工作也說得過去。無數條件更差的小夥子都談婚論嫁了,爲什麼偏偏他落單了呢?之後我充當媒人,介紹他跟幾個女孩子認識,然而一連介紹了幾位都很快告吹了,搞得我也有些尷尬,於是厚著臉皮跟她們打聽,這個小夥子到底哪裡有問題?

「各方面都還好，只是太拘謹了，跟他約會，好像他爸媽就在身邊一樣。」

我聯想下屬的家庭教育才知道，「別人家的孩子」和我想的不一樣，他們的生活一點也不輕鬆，而是又累又孤單。小時候，他們是街坊鄰居口中的完美小孩，想和小朋友一起玩，小朋友卻嫌棄他們的「完美」，有意疏遠。偶爾有一、兩個願意和他們一起玩的，也總是因為聽話，而不得不及時中止遊戲。

長大後，來自同伴的壓力少了一些，身上的負擔卻越來越重。每個科目功課都要爭第一，學科課程自不需說，運動場上也不能屈居人後。至於各種各樣的藝能課，更是沒有放鬆的理由。一個少年如此忙碌，哪裡有時間和朋友、同學聊天、胡鬧？你不去搭理人家，人家自然不會想搭理你。等到畢業了、工作了，父母的期許完成大半，一下子不知道該幹什麼了。

他沒有理想也沒有目標，沒有好友也沒有女友，唯一剩下的，就是滿足父母各種要求，絕對不讓他們失望。於是他拚命努力、積極向上，業績越來越好，父母也來越高興，自己卻越來越疲憊，越來越孤單。反而身邊的同事，似乎有一點小成績、達成一個微不足道的目標，就高興得不行。

他找到平時走得比較近的同事，試著尋找答案，同事問

他：「你這麼努力，到底是爲了什麼？」小夥子有些懵，爲了滿足父母、主管的期許啊！這個目的難道不夠嗎？

當然不夠！因爲你不再是個孩子了！父母的期許，以及期許中所包含的扶持之意，就像是兒童自行車兩邊的輔助輪。小朋友需要他們，成年人有幾個需要的呢？你要自己給自己期許，留自己的汗、吃自己的飯，才能眞正得到快樂，進而依靠自己的魅力，吸引人生伴侶。

小夥子確實聰明，一點就透，於是在之後的日子裡，他開始漸漸思考，自己眞正想要的是什麼，在父母的期許和自己的目標之間，尋求一個平衡。母親說，男孩子不需要什麼打扮，打扮太花俏就不像是老實人。不過小夥子有位朋友十分擅長穿搭，他便跟朋友請教，學了一些基本的穿搭原則，用素顏的顏色和款式，搭配出自己需要的風格。

父親說在人際交往中要一視同仁，對所有同事都一個樣，才能得到別人的友善對待。然而，小夥子跟同事們朝夕相處，知道他們有些人勤懇、寬厚，值得深交，有些人卻是十足的凡庸之輩，甚至還有幾個是公認的小人。於是他只跟前者友善，對於其他人則是採取公事公辦的態度。

主管說在工作中，要主動爲同事承擔事務，這樣才能相互

團結、相互督促，希望他能起帶頭作用，爲自己分憂。但是小夥子認爲，每個人都有自己的職責，分工明確、責任清晰，才有可能帶來效率提升。於是，他沒有盲目幫忙，而是藉此機會摸索合理的工作流程。從那以後，他以自己的理想來督促自己，以自己的方式來和世界交流，很快便脫穎而出——不僅在事業上大爲進步，而且還在感情世界有了收穫。

「我之前好像是個旁觀者，總是站在一旁，對自己的人生冷眼旁觀。但現在，我是我自己絕對的主角，這種感覺眞好。」他用這句話總結了自己的前二十五年，這讓我想了一部經典電影——《三個傻瓜》。「三個傻瓜」中的拉加，家庭背景特殊，父親病重、姊姊待嫁，整個家的希望都寄託在他一個人身上，希望他從名校畢業之後，能徹底帶領家庭走出困境。

於是，他在手上戴了滿滿八個戒指，每個戒指都是一份期待，他被這些期待壓得喘不過來，經歷一次生死劫難之後才大徹大悟。當他把戒指全部取下時，我在螢幕前感動得落淚。

人生艱難，不要再因爲別人的挑剔而誤解了自己，誠實面對自己的內心，找到自己眞正想要的生活，別人的期待就留給他們自己吧！因爲你不是個小孩子了，你有自己的生活，你和世界上任何一個人都不完全一樣！

生活中，也能用到廟算嗎？

　　我們年輕的時候，都讀過一些來頭很大的書，等到成年後，這些書真的能發揮什麼作用嗎？像是《孫子兵法》與我們的生活有什麼關係呢？

　　還真的有。就拿減肥來說吧！年輕男女為了好看，常常嚷嚷著要減肥；上了歲數的人，往往血脂高、血糖高、血壓高，不得不設法降一點體重。主意已定，去健身房辦張卡，一段時間過後，有幾個真的瘦下來的？為什麼有的人瘦下來了，但大多數人卻瘦不下來呢？答案就藏在健身房裡。立志減肥的人，大部分在跑步機上磨練自己，反觀那些真正瘦下來的，則喜歡待在機械式器材區練力量。

　　我找一位私人教練打聽其中的奧祕，他告訴我，減肥的關鍵是建構一個能量差，讓吃下去的熱量比支出的熱量低；而身體支出的熱量，跟肌肉的多寡有關。肌肉含量提高了，新陳代謝率隨之提高，吃下去的能量很快被代謝掉，脂肪便不會堆

積。因此，減脂最好的方法是增肌。

明白這個道理的人，通常一進健身房便直奔機械式器材區，鍛鍊一下自己的肌肉，再拉伸幾個回合、放鬆一下，便離開了。在外人眼裡，似乎是輕鬆愉快之下，就擁有了好身材。難怪跑步機上的人們總是氣喘吁吁、汗流浹背，身材卻比去機械式器材區的人差了很多。這個有意思的現象讓我想到，如果在一件事情上付出極大的努力，卻被別人輕鬆的超越，大概就是方法出了問題。

《孫子兵法》說：「夫未戰而廟算勝者，得算多也；未戰而廟算不勝者，得算少也。多算勝，少算不勝，而況於無算乎？」在戰爭前就預計能取勝的，是因為具備的致勝條件多；預計不能取勝的，是具備的致勝條件少。具備致勝條件多者就勝，具備致勝條件少者就不能取勝，何況一個致勝條件也不具備的更別說了。對於減肥來說，減肥的方法就是廟算。

如果在減肥前瞭解一下人體的代謝規律，找學醫的朋友問一問，請一個私家教練指導，甚至是上網查一查，確定一個可靠的策略，結果多半能達到預期。可惜很多人連這點頭腦都不想動，僅憑著不知從何處聽來的「節食與跑步」，在跑步機上一路狂奔。這種方法對減肥有用嗎？當然會有一些，只是效率

比較差，屬於「未戰而廟算不勝者」。

中國有句古話：「磨刀不誤砍柴工。」傳說過去有兩個人要上山砍樹，其中一個人一大清早就出門了，另一個人則在家仔細打磨自己的斧頭後再上山。結果後者去得雖然較晚，砍的柴卻比前者更多。在開始努力之前，找到正確的、合適的方法，才會讓你的努力事半功倍。

回想一下，在學生時代，成績最好的同學很少有從早到晚都抱著書本啃的。其實人家也沒有閒著，只是在學習之前，花了許多時間去思考，尋找最適合自己的方法，直至找到之後，再全力以赴。而那些成績平平的學生，往往老師說什麼是什麼，家長怎樣說就怎樣做，凡事都講究刻苦，最後再思考為什麼。他們懶嗎？當然不是，他們只是不懂得廟算。

知名企業家小米手機創辦人雷軍說過：「永遠不要試圖用戰術上的勤奮，掩飾戰略上的懶惰。」真正的努力絕非像驢子那樣閉著眼睛拉磨，而是有如古今中外的名將，貴在勝、不在久，不動如山，動則如風雷，直擊要害。

日本企業一向有加班文化，員工們每天早出晚歸，裝出一副精神抖擻的精英模樣。實際上呢？很多人只是在公司裡裝裝樣子，以繁雜而低效的工作打發時間。他們習慣開各種大小會

議，埋頭於一堆流程繁瑣的文件之間。甚至爲了給主管留下勤奮努力的印象，卽使完成全部工作，到了下班時間也要留在公司，這就是一種「無效努力」。

真正的努力，不是比誰花的時間更多、誰加班得更晚、誰把自己折騰得更慘，而是全心投入，迅速找到最有效的辦法。以古人磨麵爲例，有人從早到晚自己推磨，累到腳癱手軟，磨出的麵粉不過一袋；有人研究河水流向，製造出水車，以水流帶動石磨，只要舒舒服服地躺在床上，一天就能磨出十袋麵粉。論努力，前者可能十倍於後者，但是論成效，後者何止於前者的十倍、百倍。

單位裡也有這樣的人，在許多人懵懵懂懂、不知道將來要做什麼的時候，他已經深思熟慮、定下了目標，一步步朝著那個目標走去；當許多人迷迷糊糊地在社會上打轉，甚至四處碰壁的時候，他卻穩紮穩打，越爬越高。你吃的苦、流的汗水和淚水可能比他多得多，但你們之間的鴻溝，卻早已經不是汗水可以填平的了。

中國知名專欄作家連岳先生曾說：「低端勤奮，不需要動腦，精疲力竭後，感動了自己，導致他們不可能提升自己，沒辦法讓自己更值錢。」眞正的努力和勤奮，絕非讓自己處於表

面的忙碌，而是勤於思考、尋找各種可能。低水準的努力只會讓自己耗竭，努力提高自己的人，才能得到生活的獎賞。

想到這裡，就覺得古人誠不欺我。荀子在《勸學》中寫道：「吾嘗終日而思矣，不如須臾之所學也；吾嘗跂而望矣，不如登高之博見也。」終日苦思冥想，不如學習的效率高；踮起腳尖拚命張望，不如站到高處看得更遠，方法的重要性可見一斑。

下一次，在你打算做些什麼的時候，先不要急著去做——好好思考一下，你是不是已經用了最好的方法，如果想不清楚，那麼你不妨先去學習、去思考，利用你所擁有的一切條件，好好的利用它們，唯有如此，你的付出才能換來成功。

誰在鼓勵你不平庸？

　　我們都是兩隻眼睛、一張嘴，錢財多者，上面還有更富的；位置高者，上面還有更大的主管；即使以才學自詡，放到上下五千年裡，又能排第幾呢？李宗盛唱得好：「你我皆凡人。」無論有多少優點，扔進人海，真的只是一滴水而已。平凡是一回事，平庸卻是另一回事。我有一位長輩，便是以平庸為光榮的。

　　彼時我剛上大學，年輕氣盛，每每聽到長輩和父親在飯桌上侃侃而談，總是興趣盎然，搬個凳子加入他們。當我提到對未來的打算時，我都是興沖沖描繪我的夢想，建構我未來的藍圖。

　　然而長輩聽完卻是輕蔑一笑，淺嚐了一口酒，開始大談平庸可貴，說什麼出頭的椽子會先爛，外面的世界不像歌裡唱的那麼精彩，反倒是風險重重，毫無溫度；還說什麼要做成一件事需要付出的艱苦遠遠超出想像，我肯定受不了那樣的苦，所

以還是趁早找個安穩的工作，別瞎折騰；他也說什麼這輩子錢多錢少，都是生不帶來死不帶去，夠吃夠喝就行了，不要羨慕有錢人的日子……

我聽了長輩這番話，心裡很不舒服，為什麼他要把自己的標準強加在我身上，我想要什麼樣的生活，憑什麼由他來規定？父親看出我的不悅，悄悄對我耳語，教我只要看他是個什麼樣的人，就能揣度為什麼他會說這樣的話。

於是我觀察起這個長輩來——他常年穿一套舊運動衫，配上磨得沒跟的布鞋，在一個二十年都沒有升遷過的職位，拿著一份剛剛夠吃飯的薪資，整個人黯淡無光，唯有烈酒下肚，那張頹敗的臉上才會出現一絲笑容。

父親告訴我，長輩從二十幾歲到現在五十幾歲，從來沒變過，也從來沒想變。清醒時感嘆平平淡淡才是真，喝醉了卻借著酒勁指桑罵槐，把那些比他優秀的人全都罵了一遍，而且還是恨意難平。

這樣的長輩，你可能也曾遇過，他們打著各種為你好的旗號，對你的人生指指點點。你可能對他的指點惶恐不已，以為自己對生活的思考都是錯的，殊不知他們只是發發牢騷罷了。真正願意幫助你的人，不會阻礙你向前的腳步，反而會以像古

代的謀士那樣，思考怎麼幫你達成自己的目標。

　　我們當然是平凡的，世界上幾十億人，就像幾十億滴水，彙聚成了人類社會。我們都是赤手空拳來到這個世界上，沒有誰天生比誰更高等。另一方面，如果因為這樣就甘願做一滴水，除了融入海洋隨波逐流，沒有其他的價值，那就不再是平凡，而是平庸了。

　　奧斯卡金像獎電影《阿甘正傳》，就講了一個平凡人物創造偉大人生的故事。阿甘是一個智力有缺陷的孩子，母親告訴他，沒有人能阻擋你奔跑，於是他一路奔跑。

　　小時候奔跑，是為了躲避同學的嘲笑和欺凌；長大了奔跑，是為了躲避戰爭中的子彈；甚至有一段時間，他也不知道為什麼自己在奔跑。僅僅靠著心裡的衝動，就數次穿越了美國。就這樣，阿甘看似平凡無奇的奔跑了一生，卻依靠自己的信念，跑進了橄欖球隊，跑進了大學，跑出了跟無數人完全不一樣的人生。

　　我們這一代人多半讀過路遙的《平凡的世界》，也多半被裡頭的主角孫少平鼓舞過。一個窮孩子，生在貧瘠的陝北，靠著自己勤勞的雙手和堅韌的意志，不但自己改變了貧窮的命運，還帶領全村走向了致富的道路。

　　阿甘平凡嗎？很平凡，他只是一個連普通人都比不上的智障孩子，但他所做到的事情卻比普通人偉大無數倍；孫少平平凡嗎？很平凡，他只是中國千千萬萬農民中的一個，但他達成了很多出身比他好、成長環境比他好的人，都無法達成的卓越目標。

　　論歷史地位，他們當然比不上諸葛孔明或于謙；論精神境界，卻有些相似之處，因為他們都沒有以平凡為藉口，安慰自己、麻醉自己，說什麼「平凡可貴」，並因此而懶惰頹喪。相反的，他們竭盡所能地把每一件小事做好。所謂的不平庸，不一定多麼偉大，只不過是找到內心的火花，沿著火花堅定地走下去。

　　「我曾經跨過山和大海，也穿過人山人海，我曾經擁有著的一切，轉眼都飄散如煙，我曾經失落失望，失掉所有方向，直到看見平凡，才是唯一的答案。」朴樹的代表作之一《平凡之路》雖以「平凡」為名，其中蘊含的情感卻一點都不平凡。它描述了青春年少時的徘徊、迷茫，最終又回到對理想的炙熱追求，就像是朴樹藝術之路的一個注腳。

　　朴樹算是中國最特別的歌手了。少年成名，時有佳作，卻一直游離在名利之外。他可能也迷茫過，不——唯有真正迷茫

過的人，才能唱出《平凡之路》。

　　品味生活，有時候就像吃飯，人的口味跟習慣有關，有的人習慣甜豆花，有的人習慣鹹豆花，如果一直這樣下去，也不過就是蘇格拉底說的「活著是為了吃飯」。唯有見識廣博的人，才有可能從一碗平平無奇的豆花中，吃出不平凡的滋味。柴靜說：「沒有在深夜痛哭過，不足以談人生。」那麼，沒有經歷過非凡的人生，又何以愛上平凡呢？

　　平凡的確可貴，但那是在人生中奮勇向前，摔過、痛過，卻也幸福過、感動過的人，才有資格去談論、去臧否的。下次如果再有人勸你安於平凡，不妨仔細觀察一番他是哪種人，是真的能欣賞平凡，還是在為自己的平庸找藉口。

第五章 看清自己，比看清未来更重要

愛自己，不要害自己

我在參加商務培訓的時候，聽說了一個故事：

一群兒童坐在教室裡，面前擺著一顆棉花糖，棉花糖是大人們發的，他們說：「等一下我們會出去，當我們再次回來的時候，誰面前的棉花糖還在，誰就能得到另外一顆棉花糖。」

這是心理學著名的「棉花糖實驗」，發生在六〇年代的史丹佛大學附屬托兒所，組織者叫做沃爾特·米歇爾，是著名的心理學家，他想知道，決定人一生之成就的到底是什麼。

以常理而言，兩顆棉花糖比一顆棉花糖好，只要等待片刻，就能得到雙份的棉花糖，何樂而不為呢？然而並不是每個孩子都願意等，有些小孩在實驗人員離開之後，就吃掉了自己面前的棉花糖。據此，米歇爾將他們分為兩組，願意等待的和不能堅持的，然後展開了長期的追蹤。

這項追蹤持續了十幾年，在這個過程中他發現，願意等待的小孩，收入更高、生活更幸福，職業成就也更大；而那些不

能堅持的小孩，往往有不同的問題，即使曾被稱之爲聰明，也像王安石筆下的傷仲永一樣，漸漸「泯然衆人矣」。

兩顆棉花糖當然比一顆棉花糖好，問題在於，那一顆棉花糖就擺在面前，而雙倍的獎勵，要等一等才會出現。於是，這就成了一個讓人左右爲難的問題：是折磨自己，直至獎勵出現，還是立刻享受些許快樂呢？

我的一位朋友劉君，眼看快四十歲了又決定考博士班。爲了宣示自己的決心，他折斷了魚竿，收起了茶具，退出了各個吃喝玩樂的微信群。其餘友人固然讚許他的幹勁，也惋惜他的消失。偶爾託人打聽劉君的消息，大家都說他正在用功苦讀，有時書讀到一半去哄孩子，哄完了接著啃書。大家都好奇，他既不缺錢，也不缺地位，何苦這麼折磨自己呢？

幾個月後，成績揭曉了，劉君錄取了。於是他又買了魚竿、拿出茶具，一一加回舊友，雖然因爲功課的緣故，不像以前那樣總是有時間，他卻玩得更開心了。

劉君得到了他的獎勵，那顆許諾中會出現的棉花糖。自律的人看起來雖然像是在折磨自己，其實是在砥礪自己。看起來作繭自縛，其實一旦破繭，就擁有了飛翔之能；看起來放棄了快樂，其實是選擇了對自己最有利的道路。

愛自己，不要害自己！熬夜看電視劇、泡酒吧、逛夜店、睡懶覺、亂吃亂喝……這些事情快樂嗎？當然快樂，不過這些都只是一時的快樂，這些事物帶來的快樂，就像鏡中花、水中月，很快就飄散了。有時候，甚至那些沉溺其中的人，也能漸漸察覺出不對勁的地方——每一次都要用更多的瘋狂，才能得到與先前差不多等級的快樂。相較之下，自律要困難多了，它要求你放棄那些能讓你快樂的事物。

我們都好逸惡勞，面對這種選擇，難免心有疑問，憑什麼呢？憑什麼要求我放棄快樂？因為自律的人，擁有的世界更大，他可以嚴於律己，也可以偶爾放縱。一個總在半夜玩手機的人，即使偶爾遇到急事，想要早早起床，也未必能做到；而一個堅持早起早睡的人，不僅不需要擔心錯過些什麼，而且能欣賞每一天早上的日出。

一個天天健身的人，和一個疏於鍛鍊的人，同樣出去遊玩，能感受到的樂趣也是完全不一樣的。前者身體矯健，能夠爬到高山頂峰欣賞壯美的日出，後者只能駐足山腳，拍幾張照片表示到此一遊。

更不用說，養移體、居移氣，放縱影響的不僅僅是身體。一個在言行上嚴格律己的人，可以去夜店玩得很 High，也能

在正式場合舉止大方得體；而一個習慣了放縱的人，就算登上大雅之堂，又能做什麼呢？貽笑大方罷了。

我們都喜歡好吃的，都不喜歡讓自己受苦，可是如果一味屈從於自己的天性，人生也就失去了意義。自律並不是像清教徒一樣苦修，而是對自我身心的一種修煉，是對自我天性的一種約束。說白了，自律就像教育或者訓練，通過它，我們才更能控制自己的天性，或順從、或戰勝。就像蘇東坡說的：「我能發之，也能收之。」然後就可以無愧於人生了。

三十歲，對一個足球運動員來說，像是一個分水嶺，其前是上坡路，其後便開始走下坡路。而葡萄牙足球員 C 羅在三十歲以後卻比之前更加勇猛，五座金球獎加身，成為當今足壇第一人。

為什麼他可以？因為三十四歲的 C 羅，依然有著二十三歲的體格。C 羅十五年前的體脂率是 7%，如今還是 7%。他每天最少花一個小時鍛鍊肌肉，做的捲腹多達千次。他也知道牛排好吃，但是平常只吃全麥麵包、雞胸肉、沙拉和白開水。等到該放鬆時，他也會放鬆，享受美食，跟家人朋友在一起玩到很晚。然而在 99%的時間裡自律，他擁有了遠遠超越常人的成就和快樂。

　　《牧馬人》一書說：「爸爸是風箏，媽媽是線。」婚姻如此，自由和自律的關係也是如此。風箏看起來好像是被線牽制住了，可是正因為有了線，風箏才能高飛；反過來，如果沒有了自律這根線，自由的風箏也終將墜落。自律才是最好的生活狀態，只有自律的人才更能掌控自己的生活和工作，這種「一切皆在掌控之中」的安全感，才能讓人獲得真正意義上的自由。

　　我在上完培訓課之後，讀了美國心理學家羅伊·鮑梅斯特（Roy F. Baumeister）寫的《增強你的意志力》（Willpower: Rediscovering the Greatest Human Strength），書裡說：「最主要的個人問題和社會問題，核心都在於缺乏自我控制，而自律是解決人生問題最主要的工具，也是消除人生痛苦最重要的方法。」

　　做一個自律的人，勇敢對抗懶惰、貪吃和逃避，跳脫出天性給你制定的規則，進而成為人生規則的制定者。

　　做一個自律的人，不要碌碌無為一生，不要甘於平庸慘澹，給自己制定一個可以實現的計畫，一項一項努力去做，當你發現這些你都做到了，你已經成為一個自律的人。

　　做一個自律的人──這樣才叫愛自己。

也說「季布一諾」

　　漢朝時，有個叫季布的人，他答應別人的事，一定會想辦法做到，因此時人稱讚道，得黃金百斤，不如得季布一諾。千載以後想起來，仍然令人悠然神往。然而，一旦把思緒從書裡捜出來，轉而注意自己的生活，問題就複雜多了。

　　讀大學的時候，偶有好久不見的朋友突然聯繫，跟我說：「最近手頭緊，能不能借我五百塊錢？下個月初就還你。」

　　如今五百塊錢不算什麼，但是在那個時候，卻相當於一個月的生活費，如果借給他，自己就要餓肚皮；如果不借，又拉不下這個面子，於是只好借給他，而後靠著饅頭、鹹菜度日。然而一個月過去了，對方隻字不提還錢的事。如果問他，顯得自己跟惡霸地主黃世仁似的；如果不問，難道要我每個月吃鹹菜配饅頭？再等等吧，說不定下個月就會還錢了。一轉眼到年底了，對方還是沒有動靜，彷彿完全忘記了一般。等到同學聚會時見到了，鼓起勇氣問他什麼時候還錢，人家卻不以為意，

甚至振振有詞。

「不就五百塊錢嘛！用得著催嗎？怎麼這麼小氣？」

錢終於要回來了，可是這份友誼也走到了盡頭，其中的無奈、心酸、憤怒，一直到成年後想起來，仍然讓人輾轉反側。我好心借錢給他，為此吃了那麼多苦，欠債還錢，自古就是天經地義的事，怎麼反而落了個「小氣」的名聲呢？

那麼，季布是怎麼做的呢？漢惠帝的時候，季布在朝中擔任中郎將。當時呂后垂簾聽政，與匈奴王有嫌隙，於是召集群臣，商量征討匈奴的事。

樊噲說：「我願帶領十萬人馬，橫掃匈奴。」其餘將領知道他娶了呂后的妹妹，紛紛表示同意。而向來愛幫助別人的季布，卻表示反對。

他說：「高皇帝（劉邦）率領四十萬大軍攻打匈奴，卻被圍困在平城，匈奴的實力可見一斑。怎麼可能用十萬人馬橫掃匈奴呢？再說，當初秦朝正是因為頻繁用兵，才引起陳勝等人起義造反，直到現在民生都還沒有完全恢復。」

呂后聽了心裡很不高興，卻知道他才是對的，因而沒有對匈奴用兵。

中國人講究與人為善、多交朋友，這當然是好事。與人為

善，要在適度的範圍內幫助別人；多交朋友，不意味著要放棄原則。答應別人的時候，如果沒有三思而行，甚或犯了原則錯誤，那麼，不僅不能眞正做些好事，而且還有損於自己的名聲。

就拿上面的例子來說，自己的手頭不寬鬆，就不要答應借錢，相反的，應該將自己的困難坦誠相告。如此一來，對方也許會理解我們的難處，也許不理解——早一點認清一個人，自然不算壞事。

除了答應與否，答應的時機也很重要。

有一位朋友，是個老好人。父母覺得他能在大城市發展特別有面子，凡是同鄉的人到城裡時，總是讓他接待，他礙於情面，也不好意思拒絕。有一次，一個老鄉帶著老父親過來治病，因爲掛不到名醫的號，想請他幫忙。這位朋友因爲不熟悉醫院裡的關係，又不好意思拒絕，只好答應了下來。之後整整一個禮拜，他就像無頭蒼蠅一樣地亂轉。結果，不僅沒能找到名醫，反而延誤了病情。

朋友事後總結，自己就是答應得太早，又拒絕得太晚，導致好心辦壞事。所以，在答應給別人幫忙之前，一定要問問自己，這件事自己到底能不能辦，如果不能辦，就應該儘快推

辭。言辭禮貌，態度恭敬，對方理解也好、不能理解也罷，總是還有時間讓對方想想別的辦法。

季布原本是項羽的屬下，劉邦得了天下之後，便貼出榜文追拿他，季布無奈之下，向一位周姓的朋友求助。朋友說：「皇上的手下很快就要拿著通緝令查到我家裡來了，如果您能夠聽從我的話，我才敢給你獻個計策；如果不能，我什麼計策都沒辦法，只能自殺來報答您往日的恩情了。」

季布答應這位周姓朋友，他便把季布的頭髮剃掉，用鐵箍束住他的脖子，又讓他穿上粗布衣服，偽裝成一位普通的奴僕，幫助他躲過了追殺。試想，如果季布的這位周姓朋友滿口答應，拖個三、四天，恐怕季布早就沒命了，又如何留名青史呢？

要學會拒絕別人，也要注意拒絕的時機，不論是對朋友還是對家人，如果其請求超出自身能力，或是會損害我們的利益，就應該斷然而禮貌地拒絕，拖得太晚，難免引火焚身。如果已經答應了別人，就應該遵守諾言，盡力去實現──萬一在進行過程中，遇到難以逾越的困難，一定要盡早和對方說明。

只要每一個拒絕都有價值，每一個放棄都有必要的理由，就不要害怕得罪人。自己的生活也不容易，必須多為自己考慮

一點。當別人委託你做某件事時，一定不要不假思索地便滿口答應，此時不妨冷靜一會兒，在大腦中轉一個圈，考慮這件事自己能不能辦得到、辦得好。統籌考慮自己的能力與事情的難易程度，結合客觀條件充分考慮，然後再做決定。懂得量力而爲，任何時候都要給自己留餘地，對那些心有餘而力不足或棘手的事情說「不」，止損總比被套牢了好。

學會拒絕別人，才是愛自己的開始。

人生很短，把精力放在美好的事物上，不要自找麻煩，自我耗費。學會適時拒絕、適時幫助，是高效人生的開始。鼓起勇氣，拒絕自己不喜歡做、不情願做的事，拒絕朋友的不情之請，拒絕你不想參加的飯局，拒絕你不喜歡的人，從開口的那一刻起，你會發現，生活中的煩惱變少了。

金裝不是那麼好穿的

　　我第一次去寺廟的時候，見到佛像金光燦燦，心裡忍不住嘀咕，哪裡找來這樣大的金子呢？後來才知道，原來佛像多是泥巴塑的，只不過外面塗了一層金粉。人是萬物之長，自然比泥巴自由，卻沒有人願意幫自己刷一層金粉。

　　有位朋友在小型企業任職，擔當 LOGO 設計師，企業雖小，競爭則是非常激烈。朋友為了保住飯碗，在做好本職工作之餘，又自學了 PPT 製作和文案寫作技巧。經理見其是個人才，就經常讓他做做 PPT、寫寫工作報告以及培訓總結之類的。朋友勤勤懇懇、竭盡全力，很快就得到了經理的賞識，幫他升職、加薪，成為了公司的主要幹部。

　　如果故事在這裡結束，便是一個不折不扣的喜劇。然而，隨著職位的提升，朋友的思想負擔也加重了，總擔心自己不能滿足別人的需求。有一次，公司接到一個很大的投標專案，需要製作一份專業細緻的標案計畫書。當經理讓他做公司標案計

畫書的時候，朋友心知自己做不到，卻不願意在經理面前顯露膽怯，以免影響自己在經理心中的印象，因此滿口答應。

　　然而諸如投標這樣的大事，每個公司都會派出最得力的人馬出手，朋友縱使天資聰穎，又怎麼可能靠著臨陣磨槍，擊敗各路高手呢？想當然爾，他們公司最後沒有標到這個大案子。這次事故不僅給造成公司很大的損失，也讓經理對他十分失望，經理原本打算事成之後再提拔他一下，然而隨著招標失敗，也就不了了之了。

　　朋友圈裡有這樣的人，知名人物中也有不少。這些年，許多年輕演員醉心於「人設」，或者在公開場合高調宣示自己的博士學位，或者總在微博上發一些捧著書本的照片。只可惜知之爲知之，不知爲不知，假的就是假的，時間久了，難免露出馬腳。

　　因爲這些事，有些演員受到嘲笑、失去粉絲，甚至有些演員成爲學歷造假的典型，地位一落千丈，參演的影視劇也紛紛下架。平心而論，這些演員的演技還算不錯，生活上也沒鬧出過什麼緋聞，有些甚至還得過很多獎項。這樣的履歷已經很好了，爲什麼還要糊塗到造假呢？假如眞的有志求學，也不是沒有榜樣——因《武林外傳》走紅的某演員，在最紅的時候選擇去

讀博士，用了三年的時間潛心學習，拿到了博士學位。

　　說到底，金裝不是那麼好穿的，不管是王侯將相還是凡夫俗子，一天都只有二十四個小時。對於演員來說，要麼拿時間去錘鍊演技，要麼就拿時間去讀書，非要想維持一個完美的形象，既想做一個有文化的演員，又希望維持一個「熱愛讀書」的口碑。可是天下哪有魚和熊掌兼得的好事，刷了金粉的佛像，等到金粉掉落時，就會露出泥巴做的真身來。

　　追求完美的人，不僅不能與別人長期相處，而且不能與自己相處。他們希望所有人都喜歡自己，只要別人有一點異樣，就懷疑是自己的錯。縱使身處狂歡之中，又有什麼樂趣可言？等到一個人時，又希望自己什麼都會，什麼都精通，容不得自己有半點不好。

　　然而，尺有所短、寸有所長，遇到自己不擅長的事情該怎麼辦呢？責怪自己、拚命地改變，正常的工作和生活還要不要了？人力有時而窮，什麼都想要，什麼都要完美，最後可能什麼都得不到。人生本來就不完美，連佛像都要定期刷金粉了，何必過分苛求自己呢？

　　古書上有個故事說，有個人家裡住進一位客人，客人自稱是木匠，卻不會用斧子，自己的床腳壞了，也不懂得修。忽然

有一天，主人外出，見到一群人在那裡施工，客人站在最高處，說一聲「砍」，匠人們就揮動斧子砍；說一聲「鋸」，匠人們就拉動鋸子鋸。主人這才知道自己誤會客人了，他絕非不合格的木匠，而是知道自己眞正的優勢。

眞正聰明的人，都是這樣的，充分瞭解自己的現狀，懂得自己的缺點和優勢。該抓住機會的時候果斷出擊，不該逞強的時候低調謙虛，以便揚長避短。做出選擇的時候，尤其要發揮自己的聰明才智，不給自己訂下過分遙遠的目標，也不因一件事看起來容易做就去做了。

因爲過分苛求而使自己陷入險境，便是不智；因爲做了太多瑣事，弄得自己疲憊不堪卻毫無成果，那便是不明。不智不明的人，每天愁眉苦臉，絞盡腦汁想該做什麼，現狀卻不會發生改變，反而原先能做好的一些事也做不好。

所以，不要迷戀金裝，不要著急去實現夢想。如果沒有足夠的資本，如果沒有充分的把握，那就先走好腳下的每一步。別把自己逼得太緊，卸下挑不動的擔子，你會發現，你的腳步越來越快，你的肩膀也越來越有力，這就叫仰望星空、腳踏實地。記住了，你不是泥巴做的，不需要給自己刷金粉。

你是在加班，還是在加戲？

多年前，第一次見到蘋果手機的廣告，頓時被其吸引。等到手機到手，稍事把玩，確實比一般的電子產品省心。這樣的東西，是怎麼設計出來的呢？

賈伯斯說：「專注和簡單，一直是我成功的祕訣。」在我看來，這句話的意思一點也不複雜，每個人小時候爸媽、老師都叮囑過——學的時候好好學，玩的時候就縱情玩。

工作時全力以赴很容易理解，大家都是十幾年寒窗出來的，進入公司時的起跑線差不太多。若一人全力以赴，另一個人三天打漁、兩天曬網，前者所能取得的成績自然更大。玩的時候縱情玩，很多人卻不能理解，成功怎麼和玩扯上關係了？

英國有句諺語：「只工作不玩耍，聰明傑克變傻瓜。」每一個人能夠承受的壓力都有其限度，一旦超出極限，便會產生負面影響，輕則效率下降，重則身體有恙。所以，玩樂對於我們，就像保養之於汽車，是非常有必要的活動，透過玩樂，

我們可以釋放壓力。從這個角度來說，娛樂又像打拳，工作如同出拳，須出盡全力；玩樂如同收拳，當積蓄力量，準備下一次出擊。

我有一位下屬，表面看起來很忙碌，每天總是在加班，工作成績卻不是特別突出。我一時好奇，就仔細觀察了一下，原來他每天上班的第一件事，就是打開微博，瀏覽各種娛樂新聞或是搞笑影片，等到看完之後，又戴上耳機聽音樂，一直磨磨蹭蹭到十點才開始工作。我們的午休時間是從十二點開始，也就是說，他每天上午其實只有兩個小時的工作時間。

別人都做四個小時，他卻只有別人的一半時間，怎麼能在上班時間完成任務呢？答案就是加班，下班了留在公司，或者將工作帶回家。好多次的公司聚會，同事們邀他一起參加，他卻總是因為工作沒有忙完而推辭。

上班的時候，當別人埋頭苦幹時，他卻在那邊優哉游哉，下班之後別人玩得不亦樂乎，他則是忙得暈頭轉向，甚至連睡眠時間都無法保證。他自己還很得意，覺得自己這是「閒人之所忙，忙人之所閒」，反正忙和閒的總量都是守恆的，一邊工作一邊玩也挺好的。

實際上，抱有這種想法的人，既不能好好工作，也不能玩

得愉快。工作的時候摸魚，先不說工作能不能完成，工作的品質肯定比不上全力以赴的人；等到可以放鬆的時候，人家可以暫時拋棄煩惱、縱情忘我，跟朋友聚餐、去公園運動，或者舒舒服服洗個澡，陪伴家人，他則要繼續工作。別人白天緊繃，到了晚上充分放鬆，因此第二天又是活力滿滿，他的神經卻像大軍壓境的城池，雖然兵馬未動，卻時刻不能放鬆。

　　愛因斯坦說過：「一個人只有以他全部的力量和精力，致力於某一事業，才能真正獲得成功！」對於工作來說，全力以赴就是那把打開成功之門的鑰匙，我們唯有放棄雜念、聚集自己所有的精神，才能像鋒利的寶劍一樣，遇山開山、遇石劈石，刺破一路上的任何困難和阻撓；反之，如果不夠投入，不僅效率差，而且遇到稍微有點難度的問題就退縮。長此以往，哪裡會有什麼成就可言呢？

　　現今流行網路小說，然而有些人寫了幾篇就寫不下去了，至於那些知名的網路作家，每天都持續不斷的更新，以此獲取了令人羨慕的收入。有一位網路作家，每天更新數千字，到故事的高潮部分，甚至每天保持更新一萬五千字，超過了99.99％的同行。有人問他是怎麼做到的？他說也沒什麼，唯全力以赴爾——寫作的時候，關掉網路、不聽音樂、不接任何

來電，遮蔽所有跟寫作無關的人和事。一旦他的字數和品質達到了預期目標，他才安心休息，玩得比誰都帶勁。

魯迅在《我的爸爸》裡寫道：「小孩子做什麼事情都不能三心二意，要學就學個踏實，要玩就玩個痛快。」這句話對成年人同樣適用。「學個踏實」，意味著學習和工作中不怕困難、不惜力氣，能吃苦、能堅持；「玩個痛快」則意味著到了需要休息的時候就好好休息，不給自己加戲，弄個什麼加班的橋段。

工作時全力投入，不為外事分心，就會千方百計找辦法來實現目標，進而變得優秀；閒暇時間縱情忘我，給自己一個放鬆、修復的機會，才能促進正向迴圈，每一天都幸福滿滿。一個邊玩邊工作、兩邊皆不用心的人，既難以體會全身投入工作時的充實，又無法體會安心休息時的輕鬆。

工作的時候好好工作，雖說這會很辛苦，卻是我們安身立命之所在。再者，一旦專心工作，往往會發現，原本以為難以辦到的事情、難以完成的任務，其實並沒有那麼難；玩的時候就縱情玩，以便徹底放鬆身心，時刻讓身體和心靈保持在最佳狀態，不至於因為壓力而崩潰。

道理，就是這麼簡單。

黎明即起，灑掃庭除

　　小時候讀《治家格言》，看到裡面有一句「黎明即起，灑掃庭除」，心裡很不以爲然。天剛亮就起來，打掃庭堂院落——這有什麼難的呢？

　　上了歲數才知道，還眞難。越是時間緊張，越是磨磨蹭蹭；越是身體疲憊，越是不願意動彈。明明應該洗個熱水澡、去去風塵，躺進被窩睡個好覺，雙腳卻像是灌了鉛，硬是站不起來，癱在沙發上。一會兒用微信和朋友聊天，一會兒打開電視看新聞，過了一會兒，又想起新到的雜誌還沒看。直至凌晨，心知絕對不能再拖下去，這才衝進盥洗室，刷牙、洗澡，一氣呵成。然而到了此時，縱使立刻睡去，又還能安眠幾個小時呢？

　　等到鬧鐘響起的時候，好像被人用棍子打了腦袋一下，一時之間心神恍惚，不知道此地是何地，只覺此身非我身。洗一把臉、刮刮鬍子，胡亂吃幾口飯，鑽進汽車往公司趕。一邊開

車一邊想著今天要做的事，精神卻始終集中不起來。好不容易趕到了公司，不等中午到來，腹內已經空空如也，唯有靠一杯又一杯的咖啡強撐。偶爾抬起頭來，看一眼鏡子，發現眼圈比過去黑、頭髮比過去少，不禁膽戰心驚，我怎麼變成這副模樣了？於是暗暗下定決心，今天晚上回去，一定要早睡早起。然而，這種誓言就像冬末春初訂下的目標，說完就忘了。

我們都有「睡前拖延症」，晚睡晚起、日憂夜慮、三餐不定、一天疲憊，越是精力不足，越是難以調動自己的意志；越是不能下定決心，越是容易被手機、新聞吸引，在那些事情上痴迷越久，越是感到精力不足……，三件事互為因果，好像一個迴圈，又像一塊沼澤地，沾到一個角，就再難脫身。

我有一位朋友便曾經如此，生活陷入低谷，意志愈發頹喪，於是以解壓為由，一躺到床上就開始漫無目的地滑手機。看看這個 APP，翻翻那個網頁，一小時眨眼就過去了。等意識到該睡覺時，都已經到了半夜兩點。睡眠不足，第二天自然無法早起，在噩夢的伴隨中睡到中午，掙扎著起床後只覺頭昏腦漲、口舌發苦，連喝口水都困難。

如果只是如此倒也罷了，誰沒有頹唐的時候呢？問題在於人類是社會動物，難免要跟其他人打交道。親友相約週末中午

聚餐，遲到了怎麼辦？公司急需的文件，需要集中精力才能寫好，沒有精神怎麼辦？春暖花開之日，想去國外看看，訂了機票卻錯過該怎麼辦？這樣的事都發生過，朋友跟我說，每到這種時候，看著窗外刺眼的陽光，都覺得自己和別人生活在兩個世界裡，自己似乎是被黑夜拖住了，一點希望都看不到。

半年後，朋友的狀態更差了，面色枯黃，頭髮油膩，明明沒有吃多少東西，贅肉卻在腰間悄悄堆積。更可怕的是，他沒辦法集中注意力，寫不出文件，拿不出決策，即使跟下屬交流的時候，也不能像從前那樣一針見血、入木三分。

歌手趙傳在《我是一隻小小鳥》歌裡問，生活的壓力和生命的尊嚴，哪一個更重要？對朋友來說，再繼續那樣下去，這很快就不是個問題了——因為他很快會失去所有。

朋友痛定思痛，買了一本記事本，將自己每時每刻的事情記錄下來，他很快就發現，原來問題的根源在睡眠上。每天晚上不能按時入睡，早上不能按時醒來，中午一邊懊惱一邊掙扎，結果越掙扎越焦慮，越焦慮越睡不著。整個人被惡性循環拖著，進入無窮無盡的負能量中，生命的活力則一點點被消耗殆盡。

為了讓自己在十一點前睡著，朋友嘗試了各種辦法，喝牛

奶、喝紅酒、喝中藥、點香薰、吃安眠藥、劇烈運動……等
等，終於在一個月內成功調整了自己的生理時鐘，從兩點睡、
十二點醒，變成了十一點睡、八點起床。

這時的朋友就像我們剛認識時那樣，幽默、機敏、活力煥
發，跟親友相聚的時候，他是開心果；在公司決策中，他是兵
法大師；到了旅行的時候，不管是在車上、高鐵上，還是在飛
機上，他都能隨時進入狀態，或者欣賞美景，或者專心閱讀，
做自己希望做的事。他對此很是感慨，那麼多焦慮和絕望，看
起來像高山、深谷一樣不可逾越，原來解決起來如此容易——
只需要黎明即起。

其實，道理是對是錯，與誰說的無關，與字面意思是否複
雜更是無關，關鍵在於，它是否契合事物運轉的規律。

人體的每個生理活動，都有其合適的時機，我們體內的每
一個細胞，都要接受基因的調控，按部就班地進行新陳代謝。
不要說人類，就算是動物也不能不好好休息，舉個例子來說，
一百多年前，有個女科學家想要知道睡眠對動物的意義，於是
她找來一群狗，用各種辦法使牠們保持清醒，結果所有的狗都
不能忍受缺乏睡眠，很快便紛紛死去……

除了維持生理健康之外，睡眠還跟心理健康密不可分。日

本厚生勞動省的研究顯示，與晚睡晚起的人相比，早睡早起的人精神壓力更小，相應的精神更佳。更進一步的研究顯示，我們體內的激素分為早晨型和夜晚型兩種，皮質醇是早晨型激素的代表，起著分散壓力的作用，早睡早起者唾液中的皮質醇指標較低，精神抑鬱度也因之較低。

事實就是這麼殘酷，我們作為萬物之靈，在很多方面則像動物一樣，受到基本規律的制約。「黎明即起，灑掃庭除」，從今晚開始，放下手機和瑣事，早早洗漱、早早睡覺。多一個小時的睡眠，就多一份精力；從明早開始，早起，多一個小時清醒，就多一種可能。如果連早睡早起都做不到，還談什麼未來？

也說「君子不器」

孔子說：「君子不器。」立志成爲君子的人，不要將自己當做器物，只滿足於一方面的成就，而應該具有一點普世智慧，不管面對什麼事，都能很快上手。換成今天的說法，就是努力做一個斜槓青年。

「斜槓青年」，來源於英文 Slash，《紐約時報》專欄作家麥瑞克·阿爾伯撰寫的書籍《雙重職業》指出，隨著社會的發展，逐漸出現了一群不再滿足「專一職業和身分」的人。他們具有優秀的學習能力，透過學習和嘗試，可以進入不同的職業、擁有不同的身分，因而他們在自我介紹時，利用斜槓隔開的方式，來區分這些不同的職業和身分。

這也是可以理解的，如今的世界遠不像 2000 年前後那樣安穩，鐵飯碗早就沒了，更遑論什麼金飯碗。一個人可能今天還在光鮮的企業裡任職，拿著一份外人羨慕的薪資，然而卻在轉眼之間被裁員，成爲失業人員。當職業不再是保護傘的時

候，人們就必須想辦法自己求取一點穩定。

　　試想，一位斜槓青年，擁有多種專精的技能，還會擔心失業嗎？這行不景氣可以做另一行，這個工作不開心隨時可以換另一個工作。只要自己願意，在眾多技能中挑出一項，隨時可以以新的身分進入新的行業，而且每一個選項的收穫都不會太差。

　　那麼，怎麼才能成為斜槓青年呢？表面上，這是一個很容易回答的問題，只要努力學習就好，然而實際上呢？不知從什麼時候起，夜晚變得紙醉金迷。生在國家高速發展的時代，本是一種幸運，很多人卻在這樣的大環境下，拚命縱容自己，一到夜裡就尋找各種好玩的事情，KTV、酒吧、夜店、燒烤攤等等。即使這年因為疫情不能外出，也要在家對著電腦和手機瘋狂放鬆。

　　深夜一點睡是正常，兩點睡是還好，三點睡是略晚，四點才是真正的晚睡。於是，「熬最深的夜，敷最貴的面膜」、「KTV 裡喝枸杞，『朋克養生』我最愛」、「瘋狂要趁晚，我們天亮見」等等宣言應運而生，彷彿不熬夜玩樂，就會辜負了青春和人生。

　　然而，一天只有二十四個小時，拿去熬夜，就不能拿去創

造。一些人被夜晚熬光了精氣神，自律的人卻成為了斜槓青年，究竟是誰辜負了人生呢？

不熬夜讓你精力充沛

就像前面說的，熬夜對人體的傷害很大。首先，長期睡眠不足會引起神經衰弱，讓人精神渙散，如果不能集中注意力，就算把書本放到臉上，又有什麼用呢？其次，不科學的作息容易引起焦慮、易怒、健忘和神經質，想一想我們的過去，是心情好的時候學習效果好，還是心情不好的時候學習效果好呢？

除了心理上的影響之外，熬夜還會摧殘身體。胃口差，越沒胃口越喜歡辛辣油膩，越痴迷大魚大肉腸胃功能越差，結果就是腰越來越粗，上個樓都氣喘吁吁。對於愛美的人來說，熬夜還有可能影響皮膚，導致粉刺、痤瘡、皺紋，夜生活越精彩，人卻越醜，何苦來哉？

反過來說，科學而健康的作息不僅能讓人心思清明、精神愉快，還能鍛造一副好的體魄。身體健康是一切的本錢，有了它，才有做斜槓青年的可能。

不熬夜讓你意志堅定

尼采在《悲劇的誕生》裡說，有一個道理人人都知道，卻很少人明確講出來；即使講出來，也很少人真的在意。那就是，我們的行為決定著我們的人生。

魯迅先生說過，真正的勇士敢於正視慘澹的人生，敢於面對淋漓的鮮血。對目標勇往直前、遭遇挫折不屈不撓的人，過得是一種人生，他們就像金庸筆下的俠客，看似不起眼，卻能在關鍵時刻縱橫天下。

喜歡熬夜的人，過的是另一種人生，他們內心空虛、畏難不前，在他們的世界裡，與其說黑夜是休息的時間，倒不如說是放縱的時間。依靠這種放縱，他們隱藏了內心的逃避和脆弱，畢竟除了夜晚，他們能掌控的時間並不多。

「每一個不曾起舞的日子，都是對生命的辜負。」戒掉熬夜，該休息的時候就休息，不貪戀那一點對夜晚的自由掌控，才能掌控整個人生。實在不行，你可以想一想自己的夢想——你每天有多少時間，哪些在你的掌控之內，都拿去幹什麼了，它們本來可以發揮怎樣的作用。

內心的意願就如星星之火，總可以成燎原之勢。不要熬夜，做一個意志堅定的人，朝著目標勇往直前吧！

不熬夜讓你發現天賦

人們常說「天賦」，某某有天賦，某某沒有天賦，那麼，天賦到底是什麼呢？

中國現代數學家華羅庚先生曾說：「天才在於累積，聰明在於勤奮。」又說：「日累月積見功勳，山窮水盡惜寸陰。」答案就是這麼簡單，只是我們總覺得它應該更加機靈一些，不願意相信罷了。

阿諾德・貝內特寫過一本書，叫做《如何度過一天 24 小時》，為什麼要強調「二十四小時」呢？因為一天本來是二十四個小時，然而很多人在下班的那一刻，就覺得這一天已經完結了。

「八小時以外，決定一個人的未來。」我有一位前輩，雖然不是年輕人，卻依靠八小時以外的努力，成為了不器的君子。前輩的工作穩定，收入頗豐，在本職工作上無可挑剔。這樣的狀態是很多人夢寐以求的，他完全有權利下班後放鬆一些，誰能指責他呢？不過在前輩眼裡，熬夜放縱是一件非常浪費生命的事，因此下班之後，他不是往人堆裡擠，而是逃離人群，找一個安靜的地方讀書、畫畫、運動健身或者鑽研廚藝，在不熬夜的前提下，盡量多做一些事，將自己多餘的精力和欲

望，用在探索新鮮事物上。

　　一段時間之後，前輩的探索有了答案，他發現自己對油畫產生了極大的興趣，於是小試牛刀了幾幅，投搞到雜誌社，居然被採用了。前輩非常開心，對油畫愈發用功，還請了專業的老師教導。在專業人士的指導下，前輩不僅技藝大有進步，而且發現自己原來對色彩有著極高的天賦，未來未必不能成為大畫家。

　　記住，下班是你人生的開始，而不是一天的終結，與其把之後的時間花在熬夜上，不如拿去培養自己的興趣，說不定，你也會發現自己某個方面的天賦。

　　古人講究正心、修身、齊家、治國、平天下。不熬夜，既是正心，也是修身，能做到這一件事，就有了發展新技能的可能。成為孔子所描述的君子，也是佳夢可期。

手機猛於虎

　　對於小孩子，父母、長輩、老師都愛提倡「興趣多元」，如果真的問他們喜歡什麼，大概多半是「手機」。其實又何止是小朋友呢？在公司、職場，甚至公共場所轉一轉，大部分的成年人在幹嘛？滑手機。

　　我看過一幅漫畫，漫畫左半部分描繪了清朝的一間鴉片館裡，一個梳著辮子、衣衫襤褸、枯瘦如柴的男人側躺在床上，叼著一根長長的菸桿，對著油燈吞雲吐霧，雙腿蜷縮著、雙眼微微瞇著，臉上似笑非笑，看起來不知是人是鬼，甚是可怖；右半部分則是一個現代人，姿勢、表情與前者一模一樣，唯一不同的地方在於，他手裡握著的不是菸桿，而是手機。

　　有些人對此很是不屑，也有人批評作者混淆是非，說手機怎麼能和鴉片一樣呢？論社會影響當然不同，鴉片是西方列強打開中國國門的方式，隨之而來的鴉片戰爭則是我們近代受苦受難的開始。不過我能從某個角度理解作者：手機的確是一種

可怕的東西。

　　馮小剛先生拍過一部電影，名字就叫做《手機》，那時候的手機尚且是一種通訊工具，但已經使人害怕。隨著科技進步，手機更迭換代越來越快，功能越來越齊全，幾乎能解決衣食住行等所有問題。於是人人都隨身帶著手機，不管發生任何問題，第一件事不是思考，而是打開手機。那塊小小的螢幕，就像一個五彩斑斕的萬花筒般，一不留神就陷進去了。

　　可手指滑動，螢幕亮起，流量開始嘩嘩走，生命也悄悄開始消耗了。這樣的情況，被心理學家定義為「手機依賴症」。同事的女兒便是一個深度「手機依賴症」患者，她最近有幸去某知名公司實習，這原本是好事，可是她的表現卻像是換了個地方滑手機。

　　工作時間，她每隔五分鐘就解鎖一次手機；工作時間之外就更不用說了，吃飯時看手機，坐車時看手機，就連上廁所都帶著手機一起去。她的手提包裡，常備著兩個行動電源，這樣一來，即便其中一個沒電或者失靈，也不會影響手機的正常使用。

　　眼睛總盯著手機，那要怎麼工作呢？她鬧過很多次上錯公車、進錯電梯之類的烏龍事件，考勤表上紅通通一片，遲到更

是成了家常便飯，有幾次差點給公司造成損失。部門經理想了很多辦法，從規勸教育到扣薪資，發現都沒什麼效果，最終只能將她資遣。

　　同事失望、生氣之餘，也不禁有點好奇，手機到底有什麼好看的？他女兒的回答令人出乎意料。她說，其實真的沒什麼好看的，只不過是有訊息時回回訊息，想購物時逛逛網路商城，想玩遊戲就玩一下。實在無事可做時，就在微博上無聊的刷新，或者點開影片軟體看看別人在幹嘛。

　　即便如此，卻放不下手機，彷彿手機解鎖的那一刻，打開的不是螢幕，而是新世界的大門。大門那一頭有千奇百怪的人、新鮮有趣的事，焦慮和壓力頓時消失了，只剩下愉悅和滿足。

　　聽同事講完，我不禁有了一個想法：人們依賴手機，是因為手機可以帶給他們現實生活中得不到的滿足。

　　這是一個資訊爆炸的時代，只要有心尋找，任何資訊都能找到，其中當然不乏讓我們快樂的。若是理性占了上風，自然知道它們大部分是垃圾資訊。但是在壓力之下，在一次次的獲取滿足之後，想保持判斷能力太難了，無怪乎很多人像僵屍一樣，不在意資訊的真偽，只顧不斷刷新手機上的內容。

從這個角度來說，我們是幸運的，我們的童年，還沒有被包括手機在內的３Ｃ產品「汙染」。我們會觀察生活，看看年夜飯上的哪道菜最好吃，瞅準時機夾上一塊；我們會探索生活，找一找家庭和學校附近的隱蔽角落，小山丘什麼的，閒暇時約小夥伴一起去探險。

如今朋友聚會變成了玩手機聚會，探望父母變成了互發紅包，哪怕是春節團圓的日子，都不再有過去熱鬧，而是你玩你的手機、我發我的祝福。親友群裡越是熱鬧，越顯得冷清。

從這個角度來說，玩手機看似是在消耗流量，其實是在消耗自己的注意力，消耗我們對家人朋友的關心。一旦對生活的熱情消耗殆盡，縱使如彭祖活到八百歲，又有什麼意思呢？

手機猛於虎，適時放下手機吧！畢竟我們生活在現實裡，將眼睛從螢幕中解脫出來，也許你會發現，生命原來那麼精彩。

一萬年太久，只爭朝夕

　　前中國國家主席毛澤東說過：「一萬年太久，只爭朝夕。」現今的人們，是愛爭朝夕的——一項對步行速度的調查顯示，北京、上海、廣州三個城市的居民，步行速度在全球數十個城市中名列前茅。

　　人們習慣快，生怕錯過什麼，工作快、生活快，別人快，我們就更快，似乎這樣就可以把主動權掌握在自己手中，獲得一些安全感。看劇要用兩倍速，拍照片要選拍立得，叫車搶第一，遇到黃燈忍不住猛踩油門，甚至去旅遊的時候，都給自己訂下目標，一定要每天跑夠五個景點……

　　然而這樣真的好嗎？不禁讓我想起很久以前讀過的一個故事。

　　一個富有的商人好不容易有點閒暇，便在別墅旁的小河邊逛逛，他看到一個衣著樸素的路人正在那裡釣魚。

　　商人走過去搭話：「你每天能釣多少條魚？」

路人：「大概一小桶左右。」

商人：「你爲什麼不把魚賣出去，賺夠錢買條船？」

路人：「買了船幹什麼呢？」

商人：「有了船你就能出海打魚，那樣會讓你每天收入劇增，能賺這一小桶魚的幾十倍。」

路人：「賺了錢幹什麼呢？」

商人：「有了錢你就可以雇傭漁民，組織屬於你自己的船隊，捕獲更多的魚，賺更多的錢。」

路人：「然後呢？」

商人：「然後你就可以開公司做生意，賺很多的錢。」

路人：「再然後呢？」

商人：「再然後，你就可以不用操心錢的事，放心地享受生活了。」

路人大笑：「我現在不就是在享受生活嗎？」

商人當然有商人的想法，路人的做法難道錯了嗎？被「快轉」了的生活，能帶給我們什麼？我見過許多人，彷彿失去了「慢活」的能力，身上的戾氣越來越重，內心的焦灼越來越盛，從偶爾的「路怒」，逐漸變成「地鐵怒」、「電梯怒」、「開會怒」，甚至吃飯、起床都忍不住大發一通脾氣。一味地

追求「快」，快得沒時間看清自己的內心，連生活的樂趣都失去了，何苦來哉。

　　「一萬年太久，只爭朝夕。」這句話真正的意思是說要珍惜時光，在長度有限的生命裡奮力擴充生命的寬度。很多人不理解其本意，一味追求外在的指標，以至於越走越快，越快越急，越急越怕等待，難怪有人說，中國人是地球上最不耐煩的人。

　　追求夢想是好的——正因為如此，才要搞清楚，什麼才是真正對夢想有用的。一味追求表面上的快，往往會使視線失去焦點，看不清原來的目標。

節奏太快無法保證品質

　　效率的計算一點也不複雜，連小學生都會：總產量除以時間。不過很多人往往疏忽，這裡說的產量，指的是合格產品的數量。否則，製造出一堆不合格的產品來，快則快矣，又有什麼用呢？盲目追求速度，隨之而來的必然是焦躁和沒耐性。而失去耐性的後果，就是事情頻頻出錯。

節奏太快讓人失去安全感

　　壓力越大，恐懼之心越盛。害怕掉隊、害怕淘汰、害怕被時代拋棄，因此竭盡所能快馬加鞭，拚命想要做到最快最好。然而「金無足赤，人無完人」，誰能永保第一呢？總會有人比我們更好、更優秀，如果不拿出一定的時間進行思考，問自己真正的長處、真正想要的東西，而只顧看別人的好處，夜裡怎麼可能睡得著呢？

節奏太快會毀掉你和所有人的好關係

　　每個圈子裡都有幾個大忙人，甚至一認識就說自己是急性子，討厭慢吞吞的生活方式。朋友約他們聚會，他們總是很忙，沒時間參加；家人希望他們多些陪伴，他們總說無聊；公司聚餐，同事之間增強交流，他們卻從不在過程上付出時間和耐心。久而久之，朋友不再邀約，家人不再期待，同事也只剩點頭之交，「急性子」們也成了孤家寡人。

　　國學大師錢穆曾經說過：「古往今來有大成就者，訣竅無他，都是能人肯下笨勁。」所謂的「笨勁」，就是一步一個腳印。苟日新、又日新，每天只跟過去的自己比較，但求我有進步，不在乎別人到了哪裡。如此一來，看起來走得慢，卻走得

踏實，走得心安；反過來說，習慣「快進」，不免承受失敗的懊惱，失去安全感的焦慮和孤獨的恐懼。

　　說到底，只爭朝夕是沒錯的，只是要記得，欲速則不達，取消「快轉」，讓生活慢一些吧——不是停止前行的腳步，更不要收斂奮勇向前的銳氣，只是稍稍放下別人的樣子，轉而關注自己的內心。給身體和心靈放個假，摒棄浮躁和焦慮，拾起從容和沉穩，不要爲了奔跑而奔跑，而是爲了自己真正的幸福而奔跑。

什麼叫真正的英雄

　　我愛讀小說，偶爾會參加「筆桿子」的聚會，聚會上來的人，有做自媒體的，有做影視的，有做圖書的，有寫部落格的，也有如我一樣的普通讀者。大家坐在一起聊聊書籍、說說生活，其樂也融融。

　　最近的一次聚會中，加入了一個新人，酒過三巡後，小妹有些微醺，談起了她最近的經歷。原來小妹上星期剛剛辦完離職，而離職的原因是被公司傷透了心，不到的兩年時間裡，她先是被主管穿小鞋，而後又被同事捅刀子，接著被下屬潑髒水，臨走前還被以各種理由扣薪資。

　　如果只是如此也就罷了，不過換家公司就好，誰料真應了那句老話：「福無雙至，禍不單行。」離職之後，原本以為會有個新的開始，結果男友劈腿、母親出車禍，接二連三的壞事發生，自己辛辛苦苦攢下的一點積蓄，哪裡禁得住這種折騰？幾天之間就耗了個乾乾淨淨。因此，她連收拾情緒的時間都沒

有，不得不趕快尋找新的工作，不然的話，下個月住在哪裡？恐怕連吃飯都是問題了。

說到激動處，小妹忍不住抽泣：「日子怎麼就這麼難，我那麼努力卻換來這樣的結果，太辛苦了，我實在撐不下去了……」

我一邊聽一邊感慨，原本以為在場幾個同齡的小妹會受到她的情緒感染，好言安慰一番，出乎意料的是，她們就只是默默聽著，不言不笑，只有離她最近的女孩，輕輕地握住了她的手。見氣氛不對，聚會主持人端著酒杯站了起來：「真正的英雄主義，就是認清了生活的真相後，仍然選擇熱愛生活。」

這話一出，場面頓時緩和起來，大家都開始吐苦水──

一位作家因為放不下寫作夢，與家人鬧翻，進而失去了來自父母的經濟援助。年輕氣盛的他隻身北上，從此摸爬滾打。住過地下室、吃過餿饅頭，好容易接到一個大專案，準備衣錦還鄉時，卻被告知父親已經癌症末期。病床之前，他不知道自己是對是錯，唯有嚎啕大哭，沒有想到，父親選擇原諒了他。

另一位讀者氣質非凡、談吐不俗，是張愛玲的狂熱粉絲。一年前，她的丈夫出軌，她大哭一場，而後，一邊找律師打離婚官司，一邊獨立撫養自己的女兒。最忙的時候，一直以模範

員工自居的她，不得不帶著女兒去公司，在辦公室裡輔導女兒寫作業。

另一位男作家年逾四十，為人極其靦腆，也不愛臧否人物，彷彿沒有任何事能激怒他。私底下靠著在網上寫文章，他養活了因為車禍癱瘓的老婆，甚至有餘力和兒子籌備話劇，以便在學校的晚會上表演。

成年人的世界裡，沒有「容易」二字，也沒有過不去的坎。我幼年時讀過許多故事，其中大半忘記了，卻有一個故事一直記得很清楚。這個故事是說，有個王子心地十分善良，見到別人落難，總是忍不住哭泣，「他接下來該怎麼辦呢？」沒過多久，敵國大軍襲來，王子也變成了落難之人，人們在街上看到他，忍不住哭泣，「接下來你該怎麼辦呢？」

王子說：「不！不要這麼說，我總有辦法活下去。」

這個故事叫做《落難的王子》，雖然是故事，卻反映著某種真實。我們是情緒動物，遇到挫折、磨難、痛苦、否認，乃至絕望，都是正常的；另一方面，我們又是自然界最有靈氣的存在，只要咬緊牙關堅持下去，沒有什麼過不去的波折。

我的朋友，請你悲傷吧！好好宣洩你對生活的不滿。但是一旦那種情緒過去，就不要反覆走入其中。我們不能拿著舊日

的地圖，去尋找明天的寶藏。你要做的是迎難而上，越是痛
苦，越是要認真觀察、冷靜思考。痛苦的根源是什麼？你手頭
有什麼應對的資源？有人可以幫助你嗎？也許你有多年耕耘的
經驗，也許你認識一些忠厚的朋友，也許你還有一些錢，可以
支撐一陣子。

　　那天的聚會持續了將近五個小時，小妹的神情從沮喪變成
感動，又從感動變成感激。我相信要不了多久，她就會重新
站起來。

第六章　誰的生活不是禍福相依

自己的事自己做

《笑林廣記》中有個笑話：

一個人死了，在地府等待轉世，因為他生前積過一些功德，閻王準備讓他投胎到鐘鳴鼎食之家。這人說：「我不想要什麼大富大貴，只想要一輩子清清閒閒、平平安安。」

閻王笑著說：「想要富貴，就再給你一點，想要清閒，卻絕對不會給你。」

誰不想歲月靜好呢？然而，人生就像逆水行舟，揚帆的是你，划船的是你，掌舵的也只能是你。

朋友是獨生子，一直頗得父母寵愛，生命中的前三十年，他擁有笑話裡說的「清閒富貴」。吃穿不愁，沒經歷過什麼挫折，順利考上心儀的大學，選到喜歡的專業，一路讀到博士，可謂無憂無慮、平和安樂。眼看著畢業在即，前途一片光明，幸福的日子正在向他招手，可是沒想到一個噩耗打破了一切。

當時他正在外地實習，忽然接到母親電話，母親說父親遇

到了車禍，危在旦夕，讓他趕緊回家。他不敢耽擱，立刻訂了機票，可惜，及至趕回家中，父親已經過世了。母親因為巨大的悲痛而病倒了，別說是轉而安慰他，母親連吃飯都需要他餵。幾乎是一夜之間，他從享受清閒富貴的少爺，變成了漂泊之家的主人。

他要照顧母親，要寫畢業論文，要給父親舉辦體面的葬禮，要接手父親的公司，妥善處理大小事務。我們這些朋友都為他捏了一把汗，時常打電話問候，看看他是否需要幫助。起初，確實可以聽到他的痛苦，不過很快的，他每次接電話，只是簡短地回了一句：「我很好，有點忙，回去再聚。」透出一股子和年齡不符的冷靜幹練。

後來我才知道，他將自己要做的事情，一件一件列了下來，而後一一進行思考。首先，將母親託付給姨媽，請她幫助自己照顧一段時間。而後，捲起鋪蓋住進了父親的公司，吃睡都在辦公室裡。

從來沒有接觸過公司業務的他，一點一點從頭學起，整理業務、核對帳目、轉讓股份，不懂的就向別人請教，花了一個月的時間，將所有業務流程摸索清楚，可以做的就繼續做，不能做的便變賣出去。等到員工們都下班了，他又打開筆電，開

始撰寫自己的畢業論文。

再次見到朋友，已經是畢業之後了。那時他瘦了很大一圈，臉上滿是疲憊，眼神中卻有了一絲我從未見過的堅毅和沉穩。我知道，他已經不再是從前那個他了。

後來他告訴我，那段時間很辛苦，一夜之間就要扛起一整個家，面對著那些從來沒接觸過的新東西。他曾經好多次，公司報表看著看著就哭了，一方面是因為思念父親，另一方面是感到慚愧，自己從來沒有想過父親承受的壓力。哭完了，他繼續拿起報表，不懂的地方就記下來，找別人請教。因為沒了父親，他就是那個要照顧母親的人，如果他也倒下，這個家就真的全完了。

所幸一切付出都沒有白費，他畢業論文順利通過，拿到了心儀的學位。離開學校之後，他一邊工作一邊照顧健康狀況不佳的母親。雖然生活的擔子仍然很重，不過有了前面的經歷，他相信沒有什麼能將自己打倒的了。

《安娜卡列尼娜》書中寫道：「幸福的人都是相似的，不幸的人各有各的不幸。」那麼，幸福的人到底有什麼相同之處？大概就是哭完、擦乾眼淚，仍然願意前行，背負起自己的責任。

　　人生不如意事常八九，我們只能堅強，甚至不得不獨自堅強。一個人走過漫漫黑夜，一個人去面對迎面而來的狂風驟雨，一個人在苦難中煎熬，一個人等待黎明。

　　人生下來，就懂得躲開火焰，堅強，卻是一個需要後天學習才能掌握的技能，它就像是蚌殼裡的砂礫，需要用血淚，歷盡漫長的歲月，一點一點地打磨，才能變成珍珠。正是在這樣的煎熬裡，我們漸漸不再害怕、不再逃避，學會了包紮傷口，學會了整理心情，學會了在一個人的道路上辨別方向。

行百里者，半九十

　　一個朋友忽然打電話給我，我以為他要約我週末吃飯，或者商討什麼事情，沒想到朋友告訴我，他準備放棄自己的公司。當初朋友一個人來到這個城市，除了背包裡的幾本書和幾百塊錢外一無所有，克勤克儉、白手起家，十年間辛苦打拚，終於有了後來的一切。如今，他的公司蒸蒸日上，怎麼忽然想要放手呢？

　　朋友說，沒有別的原因，只是因為太累了。他在這個城市紮根，一是喜歡這裡拚搏向上的氣氛，二是希望實現自己的夢想。幾年下來，每天早出晚歸，上班路上，只有天邊的孤星陪伴自己，下班回去時，又已經是月上樹頭。在這個城市裡待了那麼久，連它長什麼樣子都不知道，只知道某處有個飯店，可以用來談生意。

　　最近，又有一個大的專案要來，時間非常緊迫，逼得他恨不得住在公司裡。然而前不久，他才答應跟小孩一起去玩，

妻子也總是說：「你該多陪陪孩子。」說出去的話，潑出去的水，難道要再一次食言嗎？

錢是永遠賺不完的，與其為了事業眾叛親離，倒不如乾脆從公司脫身，找個山清水秀、生活壓力沒那麼大的小鎮，享受一下家庭的溫暖。我一時不該如何回答，只是勸他先等一等，不要急著做決定——不妨彼此約個時間聚一聚，當面談談。

到了那一天，我們在相熟的飯店碰頭，朋友一見我就說：「你瘦了。」我看他也瘦了，原本的國字臉，顴骨不知何時突出來，像是好久都沒有睡好覺了。

我說：「你知道我為什麼瘦嗎？因為我前陣子體檢，發現自己已然成為了三高人士，血壓高、血脂高、血糖高。醫生說我這個情況，如果再不減肥，恐怕身體撐不住。」

於是我開始減肥，買了雞胸肉、鮭魚，每頓飯的油和糖都用帶刻度的小勺量好了再吃。每週進行五次重量訓練，磨練身上的肌肉。不過，最有意思的是增加日常活動量，按照專家的說法，每天都該走六千步以上。一開始，我走三千步就開始氣喘，好不容易可以一口氣走五千步，我又開始遲疑了。

朋友問我遲疑什麼，我說：「我在懷疑要不要真的走完，以我的速度，走六千步大概需要一個小時——一場商務會議，

也就一個小時左右。現在競爭這麼激烈，假如我把時間花在散步上的時候，別人卻在仔細研究決策，我不是很吃虧？」

不過最後我還是堅持了下來，因為我忽然意識到，身體和事業，不是一道選擇題，而是相輔相成的。沒有一個好的身體，就算我把所有時間都花在會議上，又有什麼用呢？反過來說，好的身體意味著頭腦清明、精力旺盛——最起碼，我可以一邊散步一邊思考嘛！

朋友若有所思，我便趁熱打鐵，講了一個故事：查德威爾是一位了不起的女性，曾經成功橫渡英吉利海峽。有一次，她想完成更大的挑戰，從聖卡塔利娜島游到加利福尼亞。

在游了十六個小時之後，查德威爾感覺自己堅持不下去了，刺骨的海水凍得她嘴唇發紫，加上長時間的運動，讓她感到筋疲力盡，四肢像千斤一樣沉重。查德威爾往前看去，只看到茫茫的一片大海，目的地不知道還有多遠，她感到自己快不行了

「放棄吧，生命遠比運動重要，不是嗎？」這個念頭像是風暴之眼，一經出現就越滾越大，折磨著她殘存的理智。

「我游不動了，把我拉上去吧！」她對周圍坐著小船的支援人員說。

「堅持下去，再游一公里就到了，再堅持一下！」

「不可能！前面什麼都沒有，我什麼都看不見，我真的游不動了，快拉我上去。」

因為有了這樣的念頭，查德威爾最終放棄了挑戰，乘上支援小船。片刻之後，當海岸線出現在她眼前，她才知道支援人員沒有對她撒謊——大霧隱去了海岸線，她離目的地真的只有一公里。

查德威爾後悔莫及，以她的體力完全可以游完這最後一公里，為什麼不再堅持一下呢？

事後，朋友好奇問她：「為什麼呢？」

行百里者半九十，不是因為他們傻，而是因為疲憊、恐懼就像大霧一樣，遮住了我們的眼簾，讓我們覺得希望不存在，甚至可能從來未存在過，自己只能在壞結果和更壞的結果之間做一個選擇。事實上呢？希望一直都存在的，或者不如說，每一個問題都是叩問內心的機會，讓我們找到自己與真實目標之間的距離。

朋友聽了我的建議，決定跟家人，尤其是自己的孩子好好談一談，家人們都體諒他的辛苦，只是要求他別太累。而後他全力以赴，終於拿下了這個大的專案，跟親友的關係也比過去

更加親密了。

　　行百里者半九十，路，往往是越往後越難，最後的那段路，經常是一道難越的門檻，在我們歷盡艱辛、筋疲力盡的時候，即使一個小小的障礙，都看起來十分可怕。這個時候，不要擔心，不要覺得自己沒有選擇——把它當做一個解決問題的契機吧！

先獨善其身

　　以前聽過一個相聲，講各個年代的擇偶標準。五十年代，大家喜歡能吃苦耐勞的；七十年代，大學生是令人羨慕的；及至九十年代，隨著商品經濟的發展，大家也都變得務實了。

　　現在呢？男大當婚、女大當嫁，這原本是好事，然而如今的很多年輕人，根本不知道自己喜歡什麼樣的對象。

　　朋友們的兒女，多有被感情問題困住的，或者一直獨身，從未嘗試，也懶得嘗試；或者好不容易談了一個，卻因為性格、經歷乃至生活習慣，逐漸不合而分開了。偶爾問年輕人喜歡什麼樣的對象，他們多半回答，希望對方體貼、包容、懂事、能幫忙分擔壓力、不要給自己添麻煩——你猜怎麼了，另一邊，人家也是那麼想的。每個人都想幫自己找一個全能型的伴侶，無怪乎單身的人越來越多了。

　　古人有云：「窮則獨善其身，達則兼善天下。」如果不知道自己喜歡什麼樣的對象，不確定自己能跟誰風雨同舟，就先

試著喜歡自己吧！

　　一個人的時候，試著做好自己該做的事，學生就用功讀書，上班了就用心工作。閒暇時間，可以看看書，也可以出去逛一逛，享受一個人的時光。想吃辣的就吃辣的，想吃甜的就吃甜的；想去逛公園就逛公園，想去看電影就看電影，看看周圍有沒有新開的店，附近有沒有新綻放的花。偶爾遇到感興趣的事，不妨將它記下來，也許，就在下一個轉角處，有人會愛上你偶然露出的笑容。

　　一個人的時候，要對家人、朋友好一點。愛情有很多說不準的地方，而親友往往是一輩子的事，相較於已經墜入愛河的人，單身的人有更多時間陪伴自己的親友，這難道不是一件好事嗎？即使你已經有了意中人，萬一感情受挫，會陪伴你、安慰你的，仍然是親友啊！

　　最重要的是，不要害怕寂寞。不管你年齡有多大，都不要草率開始，不要為了擺脫孤單而去談戀愛。不要覺得單身意味著沒有人喜歡自己，實際的情況與之恰恰相反，單身，是一個機會，讓你學會欣賞自己，讓你學會審視自己的喜怒哀樂，讓你逐漸瞭解，自己想要的伴侶是個什麼樣子。

　　如果你連自己的生活都搞不定，再加一個人，豈不是麻煩

更多？我見過很多人爲了脫單，幻想別人如蓋世英雄一般，將自己帶出泥潭。結果呢？短時間內也許很甜蜜，但長遠來說，誰有義務來當另一個人的救世主呢？一旦分手了，以被拯救者自居的人，往往深受打擊，以至於生活狀態連戀愛之前都比不上。

　　一個人生活，一個人修行，一個人成長，讓自己變得成熟，這樣才有足夠的智慧讓自己更加優秀；讓自己變得堅強，這樣你就有足夠的勇氣繼續前行，直至迎來注定的邂逅。學會享受一個人的生活，並把它過得多姿多彩。如果你都不喜歡自己的生活，別人怎麼可能會喜歡你呢？張開你的眼睛，發掘生活中的美，你會發現，一個人的生活並不可怕。

　　在喜歡另一個人之前，請你先喜歡一個人的生活。因爲一個人的時光，是探索自我的機會。你要學會自己去解決問題，處理好一個人時的情緒，保持對生活的熱忱，學會反思自己的錯誤，做到了這些，你才能夠認識更好的自己。

　　不要浪費一個人的時光，好好享受一個人的生活，這樣，才能不負未來遇見更好的你。當然，不要只喜歡自己一個人，以至於變得自私、孤僻；不要只學會了怎麼愛自己，卻忘記了怎麼去愛別人、接納別人的愛。獨善其身，是爲了兼濟天下。

慎獨的意義

王國維在《人間詞話》中寫道：「古今之成大事業、大學問者，必經過三種之境界：『昨夜西風凋碧樹，獨上高樓，望盡天涯路。』此第一境也；『衣帶漸寬終不悔，爲伊消得人憔悴。』此第二境也；『衆裡尋他千百度，驀然回首，那人卻在，燈火闌珊處。』此第三境也。」

三重境界，就像三道關卡，各有其難，其中，恐怕以第一道關最是可怕。「獨上高樓，望盡天涯路」，意味著你必須獨自上路，必須孤身求索，在不被人知道、不被人理解的情況下，堅持自己的理想。這就是孔子說的「慎獨」。

日本戰國末期，宮本武藏是公認的一流劍客。爲了學習劍道，柳生又壽郎拜宮本武藏爲師，行完拜師的禮節，柳生又壽郎問宮本武藏：「我想成爲一名出色的劍師，根據我的資質，努力學的話大約需要多長時間？」

宮本答：「最少也要十年吧！」

　　柳生說：「十年太久了，假如我加倍苦練，多久可以成為一流的劍客呢？」

　　宮本答：「那就要二十年了。」

　　柳生一臉狐疑，又問：「假如我晚上不睡覺，夜以繼日地苦練呢？」

　　宮本答道：「那你必死無疑，一輩子也不可能成為一流的劍客。」

　　柳生非常吃驚：「為什麼？」

　　宮本答道：「要想成為一流的劍客，先決條件就是必須永遠保留一隻眼睛注視自己，不斷反省自己。現在，你兩隻眼睛都只盯著『劍客』這塊招牌，哪裡還有眼睛注視自己呢？」

　　柳生這才明白自己錯在哪裡，於是靜下心來遵從師父的教導。沒想到，訓練開始之後，宮本只是讓他做飯、洗衣、打掃衛生，和劍術有關的事，一個字都不提。

　　一開始，柳生還能忍受，然而轉眼三年過去，宮本對劍術還是隻字不提。柳生忍不住開始擔憂自己的前途，做起事情來也不像從前那麼用心了。某一天，柳生背後被狠狠地挨了一下。轉過身來才發現，打自己的不是別人，正是宮本——他趁自己不注意，悄悄走到自己的身後，用木劍給予重重一擊。沒

等柳生反應過來，他又是一擊，柳生很是苦惱，難道做苦力活不夠嗎？竟然還要挨打，宮本卻一言不發地離開了。

次日，宮本又趁柳生不備進行襲擊。痛定思痛，從那以後，柳生做任何事的時候，都保持高度警惕，防備宮本隨時可能到來的突然襲擊。如此日復一日、年復一年，柳生不知不覺間，透過洗衣、做飯和打掃這些無聊的小事，練就了只要背後有人靠近，就能以最快速度拿起武器的絕招。這個時候他才恍然大悟，明白了師父的良苦用心，於是安心學習劍道，最終成了劍術高手，與自己的師父齊名。

慎獨的威力就在於此。它看起來很辛苦，卻是錘鍊自己根基與心性最好的工具，只有在寂寞中沉下心來，才能知道自己想要什麼，知道自己的能力邊界，進而超越己身。

李時珍是我國著名的醫學家，他所著的《本草綱目》收錄了藥物 1892 種，其中有 374 種是過去沒有記載的新藥物。書中對每一種藥物的名稱、性能、用途和製作方法，都做了詳細說明，還附有 1100 餘味藥方，1160 幅藥物插圖。因此，《本草綱目》是一部具有世界性影響的博物學著作，被國外學者譽為中國之百科全書。

李時珍為了創作該書，花費了整整二十九年時間，這段期

間，他的足跡遍布大江南北，行程達兩萬多里，走遍了我國十多個省份。很多次，李時珍隻身探入深山荒野，一個人一待就是好幾天，餓了就啃一點乾糧，渴了就喝一點泉水。如此磨練二十九年，終於完成了這部造福後世、名垂青史的鉅作。

諸葛亮說：「才須學也，學須靜也，非學無以廣才，非志無以成學。」耐得住寂寞，方能不為外物所惑，進而內心平靜、寵辱不驚；耐得住寂寞，才能擺脫浮躁，進而專心致志、心無旁鶩。到了這一步，既不怨天尤人，也不妄自菲薄，才能不忘初心、堅持到底，做出一些事業。

再者，有些事情不是看到了希望才去堅持，而是堅持了才會有希望。寂寞的時光雖然痛苦，卻能讓我們更誠實地面對內心、傾聽內心，因而，願意忍受寂寞的人，有可能從寂寞中累積能量，最終在寂寞中昇華自己。在與寂寞戰鬥的過程中，我們得以回歸真正的自我，看清自己內心真正的渴望和需求，沉澱自己的經驗和感悟，為未來積蓄力量，以便厚積薄發。

《韓非子‧喻老》中有這麼一段：右司馬御座而與王隱曰：「有鳥止南方之阜，三年不翅不飛不鳴，嘿然無聲，此為何名？」王曰：「三年不翅，將以長羽翼。不飛不鳴，將以觀民則。雖無飛，飛必沖天；雖無鳴，鳴必驚人。」

　　所有「一鳴驚人」者，都是懂得慎獨的人，在別人享受喧鬧和繁華的時候，他們已經高樓之上，展望自己未來的道路。有些路，只能自己走；有人說，所謂智慧，就是改變能夠改變的，接受能夠接受的。生活的複雜之處就在於，有時我們分不清兩者，即使分辨清楚了，也未必能接受。

　　有一位朋友就曾遇到過這樣的煩惱，他是偏遠山區出身，靠著刻苦用功，考上了頂尖大學的金融專業，而後，從普通職員開始做起，一步一腳印，直到掌管一個投資機構。在外人眼裡，他是勵志的典型，然而他自己回顧往事時，卻有一些煩惱的地方。

　　大學四年，朋友沒有絲毫交到半個，全心努力學好每一門課，稱之為枕戈待旦也不為過。奈何不如意事十常八九，等到找工作的時候，很是碰了幾次壁。有一天，父親打電話給他，說是寄了幾盒茶葉給他，讓他拿去送給一個大公司的高階主管。

　　朋友的父親是村裡的支部書記，作風清廉、為人剛正，不但沒用手中的權力換取過什麼好處，反而為了幫助別人，落下一身病，也正因為如此，他在村裡人望甚高。那位高階主管，因為種種原因，在他們村裡待過一段時間，一輩子不肯求人的

父親，為了孩子，不得不想到這一層。也許人家會看在舊日的
情面上，給自己一個機會？朋友一面感激父親的付出，一面忍
不住期待，進入大公司，也許是自己大展抱負的開始呢！

　　於是他提著兩盒茶葉，走進了那棟氣勢磅礴的大廈，見到
了父親的故人，當時的高階主管。那位高階主管答應和他聊
聊，不過只有五分鐘的時間，五分鐘後，對方告訴他：「你現
在還沒有準備好，等你準備好了再來找我。」

　　是啊！他當然沒有準備好，否則也不用父親拉下臉來求
人。朋友滿心沮喪，正準備離開時，高階主管卻叫住了他。

　　「你怎麼不問問『哪裡沒有準備好』？」

　　「什麼？」朋友愣住了。

　　「你的各方面都很優秀，只是普通話不夠標準。在大公司
上班，團隊合作是非常重要的，如果你說的話，別人聽不懂，
談什麼合作呢？」

　　大廈的電梯在幾分鐘就可以升降幾十層樓，在那短短的時
間裡，朋友的思緒則像大江大海一樣翻湧。他一時覺得高階主
管辜負了自己的期待，為什麼不想想舊日父親對他的照顧呢？
不過他又想到，也許人家特地撥出時間給自己一個面試的機
會，已經屬於很難得了。等到走出大廈的時候，朋友已經下定

決心，暫時不進大公司，先學好普通話。

朋友跟父親說了這些事後，父親沉默良久，告訴他：「有些路只能你自己走。」朋友聽懂了這句話，於是找到一家小會計師事務所，領著千把塊錢人民幣的工資，開始了另一次成長。當他的同學們衣著光鮮地出入外企的時候，他在公車上捧著報紙；他的同事們卡著時間收工、相約去酒館聚聚的時候，他不敢疏忽每一個數字；等到夜深人靜，帶著一身疲憊走回家中，他一邊刷牙，一邊聽普通話教學錄音檔。

就這樣熬了一年，終於掃清了進入大公司的障礙，高階主管見他是可造之才，時時從旁指點，才換來了今天的一切。

朋友說這些的時候，口音像播音員一樣標準，他說，從走出那座大廈那一刻起，他就知道有些事不能期待別人，有些路，只能自己走。

我完全同意他的話。歌德曾經說過：「我們雖然可以靠父母和親戚的庇護而成長，仰仗兄弟和好友，借交遊的扶助，因愛人而得到幸福，但是無論怎樣，歸根結底，人類還是得依賴自己。」如果別人肯伸出援手，那是美德，我們要感激他；如果別人沒有，也不要怨恨——未必人家不想幫，只是，很多事只能自己做。

　　說一句不太中聽的話，你我皆凡人，誰能毫無功利之心地幫助另一個人呢？能不能改變自己可以改變的事、做好自己能做的事，就是別人判斷我們是否值得幫助的指標。

　　人性都是自私的，實際上，動物也沒什麼兩樣。老鷹再怎麼疼愛自己的兒女，也不可能手把手地教牠們如何飛翔。於是，當幼鷹長到足夠大的時候，鷹媽媽會把牠們從巢穴的邊緣推下去。下邊是深達萬丈的山谷，幼鷹為了不被摔死，只好拚命地拍打翅膀，恰恰是在這個過程中，牠們學會了飛翔，從此可以翱翔於九天之上。

　　有些路只能一個人去走，路再長再遠、夜再黑再暗，也得獨自默默地走下去。總把希望寄託在別人身上，只想沾別人的光，搭別人的順風車，最終很有可能是一場空。所以不如把期望放在自己身上，從現在起樹立目標，開始行動。

怎麼從谷底走出來

　　羅曼‧羅蘭說，世界上只有一種真正的英雄主義，那就是認清生活真相依舊熱愛生活。什麼叫「生活的真相」？大概就是起起落落，有時候，甚至是「起落落落」。

　　知名作家莫言說：「身處谷底也是好事，這意味著，不管往哪個方向走，都是上坡路。」這話很幽默，很有智慧，卻忽視了一個事實：在一路下墜的過程中，最大的麻煩不是往哪裡走，而是根本不想走，甚至連怎麼笑都忘記了。

　　獲得多項大獎的動畫劇集《馬男波傑克》，講的就是一個身在谷底卻不忘微笑的故事。男主角波傑克是一個喜劇演員，紅過，而後過氣。抱著「自己一定會再次登上大螢幕」的信念，波傑克一直在等待一部屬於自己的新作品。

　　儘管身處谷底，儘管不知道往哪個方向走，波傑克從未忘記微笑。事實上，正是因為身處谷底，他得以冷眼看世人，因而得到了許多不被人察覺的真相。

「他們只想聽自己已經相信的事，沒人想知道眞相。」

「生活就是到處碰壁，對吧？」

「你自己都不喜歡自己，又怎能希望別人去愛你呢？」

「愛到最後，要麼傷人，要麼受傷，有什麼意義呢？」

「宇宙本來就是狂野的野獸，你無法馴服他，只能學會在其體內生存下去。」

　　波傑克懷念成功的滋味，總是想著再次登到山頂；他很想找回自己的價值，然而，鼓起勇氣採取行動，已經夠困難了，何況每次行動的結局都在提醒他，沒什麼用，你還是身處谷底。命運彷彿盯上了他，隨時準備好打擊他──他點燃蠟燭就掐滅蠟燭，他累積幹勁就拿出大頭針，好不容易有人送來梯子，命運卻早已準備好大錘。

　　優秀的影視作品從來都不粉飾現實，而是直指生活的眞相，讓觀眾在大笑大哭之餘審視自我。《馬男波傑克》裡的很多臺詞，當然是說給劇中角色說的，但又何嘗不是說給觀眾聽的呢？

　　「你不能一直這樣，你不能一直做一些爛事，然後自己後悔，以爲這樣就萬事大吉了，你需要改變。這些跟酒精、毒品和你生活事業中的爛事，或者你小時候的事都沒有關係，有問

題的只是你自己。」

「我只想努力撐過每一天。」

「在這世間，找到那塊讓你完整的拼圖碎片有多麼不容易，當你確定的時候，他就確定了。」

「努力工作，做得精彩，不要把時間浪費在不切實際的東西上。」

「波傑克，當你傷了心，就奔跑吧！一往無前地奔跑，不論發生什麼事，你的生活總會有人想要阻止你、拖累你，但別讓他們得逞。不要停止奔跑，不要回顧來路，來路無可眷戀，值得期待的只有前方。」

誰的生活不是這樣的呢？起起落落，有悲有喜，好不容易發生一些好事，甚至連說都不敢說，總擔心說出來就不靈了，或者命運正在一旁窺探，隨時準備將我們推下山崖。

不過，又如何呢？哪怕一時不能行動，不能決定行動的方向，只要靜下心來，你會發現，原來谷底有著谷底的景致。也許有花，也許有草，也許有塊特別的石頭；也許你會因此發現自己真正在意的事，也許你會因此知道自己真正擅長什麼，也許，這是一個對你親友的考驗，讓你知道誰才是值得信任的人。

　　人生不易，卻值得珍惜，因為，我們每個人都只能活一次。一千次「好想放棄」之後，不妨第一千零一次地「再試試看」。偶爾悲傷沒有關係，只要別忘記微笑就好。

　　荀子說：「不積跬步，無以至千里；不積小流，無以成江海。騏驥一躍，不能十步；駑馬十駕，功在不舍。鍥而舍之，朽木不折；鍥而不捨，金石可鏤。蚓無爪牙之利，筋骨之強，上食埃土，下飲黃泉，用心一也。蟹六跪而二螯，非蛇鱔之穴無可寄託者，用心躁也。」

　　當你自覺身處谷底的時候，不要忘了，蚯蚓可以從出生起就待在泥土裡。牠們既沒有鋒利的牙齒，也沒有強健的筋骨，卻能在來去自如，無非是因為用心專一、擇時而動。

　　生活就是一場冒險，就像冒險小說或者遊戲裡說的那樣，關卡不斷、挑戰不斷，過了這一個還有那一個。關關難過，又不能不過，偶爾身處谷底，也沒有什麼好奇怪的。人類這種生物，可以被擊倒，卻不會被摧毀。

說一說原生家庭

　　古龍說過，愛笑的女孩子運氣不會太差。公司裡有幾個頗愛笑的職員，而嘉雯是其中最特別的一個，不但愛笑，而且笑起來眼睛彎彎的，像個還沒有長大的孩子。

　　在公司裡不便談論私事，不過我私下猜測，她一定出生在一個非常幸福的家庭，可能父母都是知識份子，有著穩定、優厚的收入，因此，她從小就得到了妥善的照顧。直到一次公司聚會，大家隨口說起家裡的事情時我才知道，事情並不是我想的那個樣子。

　　嘉雯的家庭一點也不幸福，她的父母是相親認識的，兩個人都沒有什麼主見，別人一催促就決定結婚了。一開始，小倆口的日子還算湊合，等有了嘉雯之後，隨著生活日漸艱辛，各方面的問題都暴露出來了。

　　父親不懂得如何照顧一個小孩，實際上，在內心裡，他一直把自己當做孩子。於是，他一到週末就想辦法逃出家門，將

她留給母親。然而母親也有自己的事要做，勞累之餘，免不了抱怨和嘮叨。只要嘉雯稍加辯解，母親就像是得到什麼寶貝，立刻打電話給父親，說嘉雯如何如何調皮、如何如何忤逆，要求他立刻趕回家親自調教。玩得正開心的父親耷拉著一張臉回到家，隨之而來的就是一頓毒打。母親在這時又跟著父親一起咒罵嘉雯，生怕自己和父親離心離德。

嘉雯從小就飽嘗了世間的惡意，隨著年紀增長，她內心對世界的抗拒也跟著瘋狂增長。抽煙、喝酒、打架、蹺課，這些壞學生常做的事，嘉雯全部都會做。這些幼稚的反抗，落到父母眼裡，更是火上澆油，只會激起母親的瘋狂咒罵。惡毒難聽的語言從母親的口中冒出來，化成一把又一把尖利的刀，紮在嘉雯的心上。不僅如此，母親還把嘉雯的行爲添油加醋地在親戚面前大肆宣揚，弄得所有親戚都認爲嘉雯是個不良少女，於是每次家族聚會，都會變成「批鬥大會」。嘉雯就這樣一次次被冤枉、被誤解，解釋了無數遍還是沒有人相信，到後來，嘉雯不解釋了，自己做自己的事，把恨默默埋在心底。

二十七歲那年，唯一疼愛嘉雯的姥姥去世了，她覺得自己對家庭已經沒有什麼牽掛，在整理完姥姥後事之後隻身南下，準備一切重新開始。奈何福無雙至、禍不單行，新生活遠不如

想像中那麼順利，生活顛沛流離，工作處處碰壁，連身體健康也每況愈下。這種打擊，甚至影響到了她的相貌——她懶得買衣服、懶得化妝，每天都在為衣食住行掙扎。

　　誰能想到，恰恰是在這個時候，嘉雯遇到了愛情。那是一個溫柔、開朗的男人，比她大一歲，在一家大公司上班，收入頗為豐厚。以他的條件，想找一個女朋友，實在再容易不過了，但他卻向她表白了。

　　彼時的嘉雯，只是公司裡的臨時工，所以她一時之間不敢相信。也許他是在玩一個遊戲，或者和自己的朋友打賭？於是她拒絕了他，實際上，要不是離不開公司的那份薪水，她早就辭職離開了。沒想到那個男人一直堅持了下來，她拒絕之後，沒有再次表白，也沒有把頹唐掛在臉上，而是他關注她的狀態，理解她的情感，體貼她的冷暖，等她遇到難處，總是從一旁幫忙。

　　「為什麼呢？」她問。

　　「因為喜歡你啊！喜歡本來就沒有功利性。」

　　一段時間後，嘉雯終於學會了微笑，她開始覺得世界並沒有她想像的那麼糟。從這些小小的美好中汲取能量，回饋到工作當中，嘉雯感受了前所未有的專注和熱情，這樣的工作態度

帶給她節節高升的成績，這些成績又再回饋到內心裡，變成對未來的期望和熱血。

現在很多人熱衷於講究原生家庭，彷彿自己出生在何處，就一直會受到何處的影響。對於嘉雯來說，原生家庭變了嗎？並沒有，她的父母還是過去的樣子。

有「十七世紀的亞里斯多德」美譽的西方哲學家萊布尼茲說，要相信生活已經為我們準備好了一切。不是每一個孩子都會遇到優秀的父母，不過，每一個孩子都會長大。他們會變成成年人，腳踩在堅實的大地之上。他們可以交朋友，可以去新的城市定居，可以與愛人組成新的家庭，得到一份自己滿意的親密關係。原生家庭不能給你的，也許生活早已準備好了。

君子藏器於身，擇時而動

　　有一位小友，臨近畢業，跟我問找工作的事，我說：「你自己有什麼打算？」

　　他說：「可以創業，也可以去考公務員。」

　　「這不是很好嗎？」

　　「可是，」他不好意思地看了我一眼，「聽說創業太累，而公務員的生活就像一潭死水……」

　　我點點頭，決定跟他講一下喬治・華盛頓的夫人。大家都知道喬治・華盛頓，但是他的夫人卻不那麼出名，瑪莎・華盛頓原本有過一段婚姻，可惜她的丈夫不幸去世了。之後，她靠著莊園，與自己的孩子們相依為命。一次舞會上，她認識了喬治・華盛頓，兩人一見傾心，很快締結了白首之約。沒過多久，喬治・華盛頓從維吉尼亞自衛隊退役，全家人一起搬到了莊園中，過著美滿的生活。

　　故事按照這個方向發展下去，大概就是一個有個完美結局

的愛情故事。奈何沒過多久，隨著英國稅收政策的改變，美國
人決定反抗其統治。喬治‧華盛頓臨危受命，成為了軍隊的主
管者。瑪莎不希望自己的丈夫從軍——古往今來，人在戰鬥
中，會受傷、會死亡，多少河邊之骨，猶是春閨夢裡之人。

　　不過在丈夫陳說利害之後，她選擇了接受丈夫的選擇，於
是，華盛頓每到一處，她就去前線探望，看看自己的丈夫怎麼
樣，看看自己能不能為最普通的士兵們做些事。到了冬天，她
還會組織婦女們，為前線的將士縫補衣服。以至於軍營裡流傳
著一種說法，冬天沒什麼可怕的，因為華盛頓夫人會帶著暖和
的衣物來。

　　小友聽完低頭不語，我便趁熱打鐵——做選擇，一定要考
慮實際情況。所謂的實際，一是指選擇的結果要滿足自己的需
求；二是指衡量自己的需求合理與否，要參考家人、朋友乃至
社會的看法。

　　若干年前，也有一位朋友，父親任職於政府部門，由於時
常應酬，沒有太多時間陪伴家人，要麼晚歸，要麼醉歸，家人
想和他好好吃頓飯、說說話的機會都沒有，而父親總是解釋，
那都是工作需要。久而久之，朋友對政府部門的工作，便有了
一些成見。等到他畢業之後，也嘗試過創業，或是去大公司上

班，只可惜時運不濟、命途多舛，沒過多久，竟然連飯都沒得吃了。無奈之下，他只好跟家人商量該怎麼辦。

父親說：「你去考個公務員吧！」

朋友思索再三，決定試一試。結果呢？我再見到的時候，他正在一個飯局上推杯換盞、談笑風生，那種熟練而自然的狀態，好像完全換了一個人似的。

我很好奇他的轉變，他於是告訴我，自己為什麼會變成這個樣子。首先，他已經試過了，創業不適合自己，形勢比人強嘛；其次，進入政府部門之前，他的確有過一些擔憂，擔心自己會變成父親那種人。不過，隨著反腐倡廉的大旗舉起來，無聊的應酬大為減少，剩下的那些也都十分簡單，合規、合理。再者，同一個辦公室裡大多是相同年齡的人，交流起來沒有隔閡，彼此很容易就親近起來；主管也很人性化，人家要的只是一個能辦事的人，真遇到處理不了的事情，還會主動幫忙指點。

古人說：「君子藏器於身，擇時而動。」說白了，就是像小馬過河，一方面自身有札實的本領，遇事深入思考一番，另一方面，事情究竟怎樣，總要試一試再說。從稚嫩邁向成熟，從害怕變成嘗試，這是一個修煉自身的過程。我們不能抗拒

這個過程，因為隨之而來的，往往是成功的喜悅。之所以前怕狼、後怕虎，只不過是因為我們還站在過去的立場上，拿著過時了的地圖。可這就是成長帶來的代價，我們沒有討價還價的資格，只能接受。

　　所以，大膽地往前走吧！即使選錯了也沒什麼關係，一個選擇之後，總還有另一個選擇，你是個成年人，可以接受不完美的自己，也接受殘酷的世界。調整方向、鼓起勇氣再次出發，現在的努力，會為你帶來全新的明天。

第七章 生活的溫柔，要自己去找

幸福取決於什麼

有一位朋友研究心理學的，具體來說，是「幸福心理學」。有一天，我忍不住問他：「幸福居然可以研究？」朋友說當然可以。然後，給我講了其中一個研究。

隨著老齡化時代的到來，老年人越來越多，學者們想知道，影響晚年幸福度的因素，於是他們制定了一份量表，用於評估老年人的精神狀態。接著去各個養老院進行調查，慢慢的，有兩家養老院引起了他們的注意──一家幸福度特別高，一家幸福度特別低。

進入養老院的人，各行各業、各種文化水準都有，而這兩家養老院的設施，固然有些區別，但還達不到天與地的差距。那麼為什麼這兩個地方的幸福度，卻有如此之大的區別呢？一番查探之下，研究人員發現，關鍵在於遙控器。

「遙控器？」我很驚訝。

「是的，」朋友說，「幸福度低的那家，有著固定的電

視節目表，也就是說，遙控器掌握在工作人員手裡；而幸福度高的那一家，則將遙控器交到老人們手裡，允許他們自己換臺。」

以常理而言，穩定不變的東西能讓人們產生安全感，然而這個研究卻顯示，掌控感才是對於幸福最要緊的東西。

我聽完之後，不禁十分感慨。有些年輕人，從小在蜜罐子裡泡大，等到成年後卻時常忐忑不安，擔心自己失去一切；也有些年輕人，可謂是苦水裡泡大的，行為舉止則非常大氣，遇事冷靜、遇人沉著，好像天底下沒有什麼好怕的事。

區別最明顯的，大概是愛情裡的人們。朋友的女兒兩年前迷戀上了手遊，久而久之，乾脆辭職在家，每天都玩遊戲。即使偶爾關閉遊戲，也懶得出門走走，而是打開一堆網站，買這個、看那個。最讓人憂心的是，玩遊戲之於她，多少還有一點樂趣可言，一旦到了不玩遊戲的時間，各種恐慌就像鐵籠一樣向她撲過去。

「男朋友離開自己該怎麼辦，他會不會嫌棄我，會不會背著我再找一個？也許，他已經出軌了，只是我還不知道？」

她越來越空虛，也越來越缺乏安全感。只要寂寞的時候，她就打電話給男朋友，一開始還和風細雨，時間久了男朋友也

有些煩了。每當這個時候，她便更加確信，沒錯，他已經出軌了，只是我還不知道而已。這樣的愛情自然不會長久，分手之後，她越發痴迷網路。老友為了這件事，簡直操碎了心，一時後悔，早知道這樣還不如不生孩子；一時愧疚，也許是自己給她的愛不夠，一面教育她，勸她去做心理治療，一面又擔心她，給她錢，免得她受了什麼委屈。

真相是，積極、安全感，乃至追尋幸福的能力，來源於自身對生活的掌控。有句話說，童年幸福的人，一輩子被童年治癒；童年不幸的人，一輩子都在思考如何彌補過去的自己。其實說到底，二者的區別在於，如何看待自己的人生。

你是誰，你從哪裡來，要到哪裡去？這一路上，你會遇到哪些問題，你是否相信你能夠逐一解決它們？這些，才是幸福與否的關鍵。

很多人不明白這個道理，因而求助於愛情，其實只要翻翻書、略微打聽打聽就知道，愛情沒有那麼全能。安全感不在愛裡，而在我們自己，我們只有先獨立，才會懂得什麼是愛。如果一個人將自己當做生活的主角，就不會對伴侶有過多的要求，也不會把對方捆綁到窒息。

這看起來簡單的道理，做起來卻一點都不簡單。一是因

為我們都有惰性，能躺著，絕不坐，能從別人那裡得到積極回應，就懶得思考自己的真實處境。二是因為我們都有慣性，我們總覺得昨天這樣、今天這樣，明天未必不這樣，一旦遇到預料外的情況，便失了方寸。這樣的人生，又怎麼會有安全感呢？

生活有時候像一塊沼澤地，我們都深陷其中。躺著不動，或許能得到一時的快樂，暫時忘記煩惱和苦惱，然而，沼澤地畢竟是沼澤地，時間久了，內心的空虛越來越盛，遲早有一天，焦慮、恐慌、痛苦會接二連三地席捲而來。一味掙扎呢？也是不行的，盲目掙扎，只會讓我們白白浪費體力。

真正要做的是查看周圍，尋找能夠掌控的東西，也許，就在你面前，有一根青藤。

當然，這只是一個比方，在真實的世界裡，想要獲取自己想要的資源，可能要經過很多令人難堪的、虛偽的、真實的、痛苦的考驗。不過，道理是一樣的：我們需要清醒地認識到這個世界的底層邏輯，真正的幸福，來源於掌控感覺。

如何自我成長，是每個有夢想的人的必修課，弄懂了世界本質的人，一生都在學習成長。努力解決問題，擺脫困難，累加經驗，也許，你也能找到那份幸福必將到來的從容。

吃苦，吃的到底是什麼？

　　遙想幾十年前，第一次讀到「天將降大任於是人也」，心神激盪、渾身戰慄，彷彿自己找到了世間最重要的道理。無怪乎歐陽修面對蘇軾的文章，渾身大汗淋淋——好的文章，確實有一種震撼人心的力量。

　　及至畢業、工作、戀愛、成家，有了自己的孩子，事情就變得有點微妙了。

　　有一位學長，立志學習義大利語，以便去義大利留學。爲此，他專門找了一間小屋，屋內只有字典、錄音帶、書籍、試題，每天天還未亮，就把自己關在屋子裡，直到完成了任務，才推門而出，吃飯、洗澡、睡覺。靠著這股子狠勁兒，他成功通過了義大利語考試，得以去那邊深造。

　　可是他的小孩，連背唐詩都嫌辛苦。

　　朋友石君體檢時，發現一些問題，決定遵從醫生的意見進行減肥。於是買了帶刻度的炊具，炒菜、做飯，都講究一個精

準。天氣晴朗，便會健身房鍛鍊，遇到下雨、颱風，他就冒著風雨去健身房鍛鍊。

可是他的孩子呢？四百米要跑三分半⋯⋯

大家聚會時，說起這些事情，都感覺很無奈。

君不見，多少年輕人，因為怕吃苦，結果吃一輩子吃苦；君不見，多少位高德昭之人，仍然在努力奮鬥，生怕自己落後。自己的孩子這個樣子，以後該怎麼生存呢？衣食住行這些還好，大不了大家拚著老命多掙一些錢。他們要是得了紅眼病，羨慕別人，乃至作奸犯科，該怎麼辦呢？

最後，朋友們只能仰聲長嘆：「是我們太溺愛孩子了。」

是啊！我們小時候，物質遠不如今天那麼富足，大家都是從苦水蹚出來的，好不容易有了自己的孩子，怎麼忍心他們重走我們的老路呢？

我卻覺得，事情未必如此。

《宋史・范仲淹傳》寫到，范仲淹從小有志向節操，長大後，和朋友一起讀書，白天讀、晚上也讀。冬天天短，擔心錯過光陰，就用冷水洗臉。吃的呢？就是稀粥，別人不能忍受，范仲淹卻不認為艱苦。

我們生在新中國，長在紅旗下，論求學之苦，自然比不上

范仲淹，為什麼他不覺得艱苦呢？因為世間有必要之苦，也有不必要之苦。

我們背誦孟子的話，卻常常疏忽了其中最關鍵的一句：「增益其所不能。」餓其體膚、空乏其身等等，都是為了增長自己的才能。換句話說，如果吃苦可以換來才學的增長，那就是必要的；否則，就是不必要的。

學長當初要去義大利留學，為了這個目標，不得不提高自己的義大利語水準。而他的孩子才幾歲大，背唐詩不是為了讓他喜歡上詩歌，或者靠著詩歌去謀個飯碗，而是希望他學會說話，對中國古代的文化有個基本瞭解。那麼，這些目的，只能透過背誦唐詩達到嗎？如果是，刻苦與否真的必要嗎？

朋友的事與此相似。我們這代人，把絕大多數的精力放在專業上，對於專業之外的事，比如營養學，則瞭解不多。吃東西的時候，喜歡由著自己的性子來，偶爾壓力太大，自然而然地求助於研究。因而到了一定歲數，成了三高人群，不得不改變自己的生活方式。

朋友有足夠的意志去改變，當然是好事，不過，他的孩子真的需要做到這種地步嗎？倒不如找營養學家或者醫生聊聊，想想怎麼幫助自己的孩子，建立健康的生活方式。

明明知道吃垃圾食品會肥胖，卻頓頓啤酒、燒烤；明明有著優越的條件，卻不肯用功讀書——這些，當然是不對的。不過，我們不能從一個極端走到另一個極端，所謂吃苦，絕不是去做什麼違背人性的事。

只要仔細觀察，你就會發現，那些優秀的人，往往也十分快樂。之所以如此，一是因為他們掌握了許多規律，二是因為在必要的時候，他們願意遵守規律、約束自己。

始終順應本能，無限放縱欲望，人生不免如多米諾骨牌，一路下墜，直至平庸的谷底；時時強調狠辣，事事算計得失，對別人狠，對自己更狠，則不免滑入市儈的深淵。

要吃苦，更要會吃苦。不妨問問自己，你希望自己的孩子成為什麼樣的人，或者，你希望自己成為什麼樣的人？然後想一想，要想成為這樣的人，需要哪些知識、哪些能力，自己滿足了其中幾條，不滿足的地方應該如何補足？

會吃苦的人，是理智而清醒的，他們既不願意當被生活的溫水煮死的青蛙，也知道尋找跳出去的辦法。這樣的人願意跳脫平庸，摘到自己能摘的蘋果，也能照規律而行，尋找切實有效的路徑。

他們既不會盲目吃苦，也不會隨隨便便放棄，既能理性分

析怎樣才能得到，又會判斷目標到底值不值得，從而在生活和事業之間，取得一個平衡。

朋友們聽了我的話，沉思良久，我想，從此之後，他們大概不會再一味要求孩子吃苦了。

人不堪其憂，回不改其樂

　　孔子說，自己一輩子教了三千多個學生，有七十二個堪稱賢達，其中，又以顏回最爲傑出。顏回居住在一個破房子裡，每天吃飯，一碗飯、一瓢水，別人對此憂慮萬分，他卻自得其樂。

　　那麼，顏回爲什麼能這樣做呢？

　　前幾年，公司來了一個新人，人極其聰明，做事也有章法，只是過分敏感。用年輕人的說法，就是有點玻璃心。這幾年，常有人喜歡把大剌剌說成是鈍感力，反之，將那些敏感的人稱爲玻璃心。前者心大，經常樂呵呵的；後者不管別人說什麼，都愛對號入座，總覺得別人在針對自己。

　　沒過多久，這個新人的母親去世了，他請喪假回家。我一方面爲他難過，子欲養而親不待，這固然是世界運轉的基本法則，卻有幾個人能心平氣和地接受呢？另一方面又忍不住擔憂，作爲一個敏感的人，他能處理好這些事情嗎？也許，我要

失去一位優秀的員工了。

半個月後，他回來了，雖然身形瘦削、面容有些憔悴，精神卻好了不少。與人打交道時，不再畏首畏尾，平常閒聊時也很少因為別人的言語而生出不快。因為這種轉變，他原本擁有的才能得以充分釋放，很快得到了其上司的認可。我適時提拔了他，心裡也不免有些好奇，他到底遇到了什麼境遇呢？

後來在公司聚會上，酒過三巡、菜過五味，我忍不住問了那個問題。

他說，他本來很是難過，甚至一度決定從此待在老家，再不出來打拚了。不過，在整理母親遺物的時候，他忽然有了一種特別的感覺——每一件物品，都有著他對家庭的回憶，都會勾起一種情緒。而他，彷彿回到了多年以前，得以在各個場景中切換。

「那一瞬間，我明白了，我是我情緒的主人。」

我為他感到高興，甚至生出一些思考：也許，是母親對他放心不下，因而在走後仍然庇佑著他。——不！應該是母親給了他足夠的愛，使他終於能在多年後頓悟吧！

「人不堪其憂，回也不改其樂。」因為顏回知道自己想要什麼，知道自己每一天是如何度過的，知道離目標是近了還是

遠了；因為顏回知道，自己才是情緒的主人，他可以冷靜地看著那些情緒，在自己的腦海裡流動，從其中選擇最為合適的一種。

敏感之心，人皆有之，哪怕是看起來成熟、穩重的成年人，在遇到事情不順遂的時候，又有幾個能做到不怒、不悲呢？沒有這樣的情緒波動，才叫不正常呢！幸福的人和不幸福的人，都會有喜怒哀樂，這是億萬年進化而來的一種生存本能，區別在於，前者將自己當做情緒的主人；而後者往往把事情過度放大，會花大量的時間反覆舔舐同一個傷口，明明有更好的處理方式，卻因為反覆糾結自己情緒和對方態度，反而常常忽略問題本質，不去找解決問題的方法。

民初知名女作家楊絳曾說過：「說這世上沒有人能傷害你，除非你自己允許。」如果將情緒比作一群員工，那麼，我們就像是他們的老闆。遇到事情，與其揪著一個員工不放，倒不如想一想，誰才是最適合去做這件事的人。

人生不如意事，多矣。按照萊布尼茲的說法，這些不如意，以及隨之而來的苦惱、悲傷、難過，其實都是我們的主觀感受。換句話說，人的煩惱多數來源於自身，是我們選擇的情緒，決定了我們對世界的看法。

　　之所以會這樣，往往是因為不瞭解事物運轉的規律，因此，當收到與預期不一致的回饋時，難免有一種強烈的落差感，進而出現各種負面的情緒。這絕不是什麼錯誤，還是那句話，如果沒有情緒，我們也就不配稱之為人了——這只是成長過程中的一步。人們說世界上最強大的敵人是自己，可是我覺得世界上最大的幫手也是自己。

　　之所以會「玻璃心」，是因為我們依賴於外界的評價而活．當外界的評價好時，我們就覺得自己很快樂；當外界的評價不好時，我們就覺得很痛苦。被人讚美，就得意洋洋，被人枉言，就憤慨難忍。比著慣性裡的尺規，去衡量自己的價值，愁工作、愁生活、愁名利，整個喜怒哀樂都被別人左右，便從來不得安寧。

　　真正意義上的成熟，是從掌控自己的情緒開始的，簡單來說，就是向顏回學習。首先想一想，我這輩子要做什麼事，可能會遇到哪些困難。每一天睡覺前，都問問自己，我今天離它更近了還是更遠了，等到遇到每一件事情，都做兩手準備，既察覺自己的情緒，以免自己變得冷漠、市儈，又能從諸多情緒中，選擇最合適的一個，盡量將事情辦成。當一個人能篤定地判斷一件事的時候，他才會有知行合一的能力，他的行為才

會時刻與內心捆綁在一起，才能把外界的頌揚褒貶統統淨化吸納，看到眞正意義上的自我。

　　是的，成熟並不意味著就是戒掉情緒，對什麼都無所謂，眞正成熟的人，在面對自己的敏感和脆弱時，不是去一味地否定和排斥，而是感受它並且接納它、轉化它。

　　古語有云：「禍兮，福之所倚，福兮，禍之所伏。」心思敏感纖細的人固然容易受傷，也善於察覺，能夠看清他人的內心，不放過不易覺察的細節。如果能成爲自己情緒的主人，「玻璃心」就會變成「同理心」──誰不喜歡同理心強大的人呢？

如何想到又做到?

　　有一位小友，自從去年年底辭職之後，便一直蝸居家中。偶爾聊天他總是滔滔不絕，提起自己的設想，工作如何如何、收入如何如何、應該如何去做⋯⋯等等。但是據我所知，他沒有投出過半份簡歷，好不容易累積一點幹勁，翻個身就忘了，又不自覺地點開了手機上的遊戲。

　　半年過去了，他工作上的事情始終沒有半分進展，每一天他都立志要去做、去改變，但是一想到自己要面對的困難，他就連投簡歷的勇氣都沒有了。

　　他的這種消極態度，總是讓我想起年輕時的自己。我二十歲出頭的時候，總覺得智力是成功的保障，要想做出一番事業，一定得有自己獨到的看法和獨到的見解，於是我花了很多時間去想。

　　然而想得越久，越是不敢行動，反而有些同學原本不如我，卻一步一腳印，做出了一些成績。觀察他做事的方法，

其實一點都不特別，都是我早就知道的，甚至是我想過要去做的……

　　我這才知道，光想是沒有用的，做，才能改變。記得我曾經問一個編劇界的老師，他認為寫劇本最重要的是什麼？他說：「打開你的稿紙，寫下第一行字。」當然，這是一種誇張的說法，不過道理是對的。與其停留在空想的階段，不如先把一個不那麼完整的點子落實，有了一個草樣、模型、原型機，總可以對其進行修改。實際上，到那個時候你就會發現，很多人不知不覺聚集到你身邊，幫助你一起進行改進。去做，是改變人生最直接有效的方法，沒有之一。

　　那些能夠超越同齡人的人，往往都有這樣一個優點，他們除了有遠見外，還特別肯吃苦，他們的勤奮和執行力，往往能甩掉其他人幾條街。缺乏執行力，人就會焦慮、迷茫，這樣的人生會深陷於無力的狀態，很難從中走出來。

　　我曾經看過一部勵志電影，電影主角是個窮困的小夥子，急需一份工作，以便養家糊口。為此，他嘗試了各種各樣的管道，終於找到了一個面試的機會。眼看工作就要到手了，經理突然進來了。經理說，要做好這份工作，需要具備嫻熟的駕駛技能，不幸的是，駕駛恰恰是他的缺點。不過他沒有慌亂，而

是撒了一個謊，他告訴對方他會開車，而且車技很好。對方告訴他，四天之後來複試，到時候需要他展示自己開車的技能。

當天回到家後，小夥子就租了一輛舊車，在朋友的指導下練習開車。第二天，他開得有些像模像樣了，到第三天的時候，他就已經能熟練地開車上路了，等到複試那天，對方看到他的駕駛姿態，以為他是一個開車的老手，便將這份工作機會給了他。

這當然只是個故事，而且說實話，我不鼓勵任何人像那個小夥子一樣──安身立命的技能，需要反覆錘鍊，臨陣磨槍總會露出馬腳的，到了那個時候，不只害人，而且害己，值得效仿的，只是他的執行力。一流的執行者，不會等待，而是想辦法去彌補自己的缺點。一旦遇到自己解決不了的問題，他們又會靈活地調整心態，穩住心神，迅速尋找解決方案。

成功的道路並不擁擠，因為主動思考、堅定執行，多少有些違背我們的天性。大多數人更願意做一個機器人，拿著別人編好的程式蕭規曹隨，被動地遵守常規。他們不願意去思考，不願意去行動，他們需要別人成為自己的大腦，自己只需要在別人的指揮之下，做好自己分內的事情即可。因此在職場上，那些善於思考、善於發現、善於總結和有執行力的人，總是能

獲得先人一步的競爭力。

　　泰國有個很有意思的公益廣告，講的是一個胖女孩如何改變的故事。這個胖女孩去拜神，問神如何減肥，神告訴她，每天從山下往山上擔水，只要她將那口枯井灌滿，就會告訴她變瘦的辦法。

　　胖女孩開始行動，她每天都提著兩桶水，從山下提到山上，再把這兩桶水倒入枯井之中，如此堅持了七七四十九天之後，這口井終於要灌滿了。胖女孩對著井面，不期然看到一個靚麗的身影——原來，神仙讓她擔水，不是爲了考驗她，而是爲了鍛鍊她，經過這些日子的鍛鍊，她已經在不知不覺間瘦下來了。

　　很多時候，我們畏首畏尾，是因爲害怕失敗，因而渴望一個神仙的許諾，一個絕對不會失敗的保證。而在執行力強的人心目中，根本就沒有「失敗」這個結果，換句話說，他們將失敗當做暫時的波折，而他們相信，一切波折都將被自己消弭。

　　但是失敗了又如何？只要你時刻圍繞「如何去行動」這個路徑去完善思考，即使在平凡的職位上，長此以往，你也能做出有價值的創新和改變。

夏蟲不可語冰

　　我年輕的時候跟所有年輕人一樣，喜歡與人爭論。有一次，跟一個同學聊起地理來，同學說，雪梨是澳大利亞的首都嗎？我說當然不是，澳大利亞的首都是坎培拉。同學的臉上頓時有些不好看，不但不肯承認自己的錯誤，反而振振有詞。

　　他說：「澳大利亞的首都肯定是雪梨，不信你去看看新聞，雪梨隔三差五上頭條，坎培拉根本沒啥知名度。」

　　我一直試圖向他證明自己的正確，甚至打算回家翻出以前的地理課本，他卻始終不願改口，固執地認為澳大利亞的首都是雪梨，就這樣，這次的聊天不歡而散。他什麼感覺我不知道，我倒是挺痛苦的——澳大利亞的首都，國中地理就學過的呀！怎麼會有人不知道呢？如果是因為無知，那麼，以後再遇到和他一樣無知的人，該怎麼辦呢？

　　等到畢業、工作，走向社會，才知道自己不幸而言中，在現實生活中，的確有這樣的人，而且越是這樣的人，越是難

以溝通。

　　比如常有小妹遇人不淑卻不肯放棄，外人一看就知道他在騙她，她卻固執地認為對方是自己的真愛，不論他是打是罵，還是撒謊、出軌，她都能設法為他開脫。實在難過了，就尋求朋友的幫助，一旦男孩對她再次示好，馬上就回頭投入他的懷抱。

　　又比如，你不厭其煩地勸一個正在上大學的年輕人少打遊戲，多學點有用的東西，實在不行，可以看看外面的世界，多增長增長見識也可以，對自己的事業、人生格局的提升都有所幫助。但是年輕人卻認為什麼文化、知識都沒有用，遇到事情還得靠錢、靠關係、靠運氣。

　　再比如有一位小友的父母，在他工作第一天就告訴他，每天早上一定要早起，然後提前去把主管的辦公室打掃乾淨。小友說，現在辦公室有專門的清潔阿姨，他如果去做這件事，不是搶了別人的飯碗嗎？再者，不同的人擅長的事情也不一樣，公司請他去不是因為他擅長打掃，而是因為他擅長業務。

　　這些道理極其淺顯，他們卻固執地認為他們才是對的。小友之所以那麼說，實在是因為太懶了，早上爬不起來，自己給自己找藉口罷了。

　　那麼到底該怎麼辦呢？其實方案早就有了——夏蟲不可語冰。《莊子》裡有這麼一段故事：有個人去拜訪孔子，跟孔子的弟子交談。這個人說，一年只有三個季節，弟子說：「你錯了，一年有四個季節。」等到孔子從裡院出來，二人請他評評理，孔子沒有立刻回答，而是觀察了一番。

　　他說：「一年的確只有三個季節。」

　　孔子說：「那個人穿著一身綠衣服，是蚱蜢變化而成的。蚱蜢這種生物，春天出生，秋天死亡，對他們來說，一年確實只有三個季節啊！」

　　當你幫助別人的時候，可能會遇到這樣的情況：你把各方各面的事情告訴他，他卻不肯接受，反而執拗地相信自己，覺得自己才是對的。這個時候你要做的，就是向孔子學習。

　　他是誰，有著什麼樣的經歷？他想從我這裡得到的究竟是什麼？拿小友的例子來說，父母要他幫主管打掃辦公室，是因為他們上班的時候，這麼做的確有用。他們認為，工資的提升並不完全看業績，而是看主管對你的喜歡程度，那麼只要小友展現出主管對自己的喜愛之處，他們的心結自然就解開了。

　　美國心理學家喬治・凱利曾經提出「個人建構理論」（Personal Constructs）的觀點，他說一個人的建構，是由

個人過往的見識、期望、評價、思維等等所形成的觀念。

　　人皆有執念，一個真正優秀的人，一定是願意向別人、向這個世界學習的人，因為他們認識到，固執己見並不是一種優勢，甚至從某種程度上而言，太過固執己見會妨礙自己的成長，妨礙自己認識到更大的世界。反之，也有一些人非但不能面對真實的世界，無法接受不同的觀點，如果你把這種真實的不同擺在他們面前時，他們還會表現得異常敏感，進而遭到他們的抵制、反對和攻擊。

　　然而形勢比人強，很多時候恰恰是因為太過固執，阻礙了一個人良好個性的形成。太過固執，往往會使得一個人越來越偏激，越來越狹隘，越來越自閉。一個人缺少對世界多元化的包容，和透析這個世界底層邏輯的認知，會阻礙了一個人學習、思考以及接受新鮮事物的能力。

　　學習的過程，其實就是建構一個個模型的過程，將我們曾經看到過的那些東西，慢慢放置在我們的大腦之中。當我們建構出來的模型越來越多時，我們處理同類的事情就會越來越迅速，我們建構的認知疆域，也會越來越大。

　　而當一個人固執己見時，腦海裡的個人建構就會趨向於單一，缺乏彈性。因為他們固執己見，他們的腦海之中，長期接

觸和建構的模型，也只能是單一模型，在面對這個複雜的世界時，他們因為接受不了這種真實，反而會用他們固執和單一的認知，去否定這種真實。

　　說起來，當然是前者好，只有那些有勇氣見識到更大世界的人，才能擁有更飽滿的認知，和更加完善的交流能力。一個人只有獲得越來越多的知識和經驗，個人建構才會越豐富、越飽滿。當下的世界是複雜的、多元的，絕對無法用單一的答案，去解決複雜的問題。同樣的問題，我們與其執著於一種答案，倒不如去考慮多種途徑，從中挑選出最優解。因為我們接觸的邊界更大，我們能從這個更大的邊界瞭解到的東西就更多，我們能發現的未知領域也就更多。這就是蘇格拉底名言：「我知道的越多，越覺得自己無知。」的由來。

　　反過來看，萬一遇到思想模型單一的人也不要生氣，跟人家翻臉，真的那樣做了，又有什麼益處呢？還是學學孔子，先觀察，再拿出既不違背自己的原則、又能為對方接受的方案，最好是由此反躬自身，我最近有沒有出現類似的錯誤——我會不會是別人眼裡的「夏蟲」呢？

立論之難

　　魯迅先生有一篇小說，叫做《立論》，大意是說，學生跟老師請教如何立論。比如一戶人家新生了小孩，說他將來一定會升官發財，那是撒謊；說他將來一定會死，又多半挨打。如果既不想說謊話、也不想挨打，該怎麼辦呢？

　　這篇文章有其寫作背景，意有所指，這裡不去談，只說「立論」這件小事。中學時，學寫論說文，老師就說過，立論一定要慎重，一味從眾難免庸俗，過分求新顯得不近人情，自然也不會被接受。等到了社會上，才知道事情更加複雜──寫作文好歹有個準備時間，而在生活中，你的一言一行都會被視作一種表態。

　　比如有一位知名演員，第一次參加直播時，因為情緒崩潰而翻車了，有些網友指責她沒有合約精神，當然也有不少粉絲為偶像開脫，說她是真性情流露。另一位演員在一次採訪時開玩笑說，作為一名合格的喜劇演員，我們的任務就是把觀眾逗

樂，所以即使爸媽死了，在臺上也要笑著把大家給逗笑了。有的人稱讚，認為只有做到這一步，才算合格的演員；也有人不屑，覺得這些演員連基本的人性都沒有，談什麼表演呢！

　　誰是誰非？如果我們是當事人，究竟應該如何做呢？有人說，智商決定人的下限，情商決定人的上限。對於情緒的掌控能力越好，可以到達的層次就越高。成年人沒有資格再像個孩子一樣，因為得不到糖果而大吵大鬧，他們應該積極、優雅，只在一個人獨處時，安靜地流淚，沉默著舔舐傷口。崩潰過後繼續忍受生活的摧殘，努力地將最好的自己呈現到大家面前。不然，還沒等你崛起，人脈已經被你情緒的鋒芒所傷，最終只能落得賣慘來博眼球。

　　如果一個人連情緒都處理不好，你還能指望他做成什麼呢？退一步說，作為一個正常人，情緒化一點也就罷了，但是作為公眾人物，你絕對不能被情緒左右。不信你看看，那些在娛樂圈發展平穩和形象良好的藝人，無一不是情緒管理的高手。在什麼場合說什麼話、做什麼事，都需要恰到好處的讓人舒服。既不是用力過度，也不是任性妄為，因為在他們心裡深深懂得，觀眾和導演喜歡看你什麼，而不是你需要別人為你做什麼。

　　當然，也有人對此表示反對。

　　中國是文明古國，在世界四大古代文明裡，只有我們一路走了過來。為什麼呢？因為每到存亡的關頭，都有一些極其誠實的人，用他們的真誠打動身邊的人，進而團結彼此，「為天地立心，為生民立命，為往聖繼絕學，為萬世開太平」。

　　誠然，99％的人都希望和優秀的人在一起，然而這些優秀的人到底優秀在哪裡？如果他們只是所謂的情商極高，在情緒管理上、人際交往上有自己的一套，還會吸引我們嗎？不！我們喜歡優秀的人，說到底是因為他們在某一方面，達到了我們難以達到的地步。為了做到這一步，一個人必須誠實面對自己的內心，必須刻意減少對次要方面的關注，必須時時砥礪自己，甚至有意遠離人群。美籍華裔數學家張益唐如果只是追求讓人如沐春風，還能取得那麼大的成就嗎？

　　我對此也思考良久，直到有一天，我讀過一本講創造力的書，作者在各行各業選了一些最優秀的人，然後逐一進行研究，他們的性情如何、為人處世如何、怎樣對待自己的工作、怎樣取得了突破，在頓悟到來的前後做了哪些事……等等。有意思的是，作者發現對他們的評價往往兩極分化。最傑出之人的助手，往往抱怨他們難以相處，總是提出常人看來難以實

現、甚至不切實際的構想，好像在故意爲難人；而在外人看來，他們則是高雅的、樂觀的，好像能一下子就看穿自己的需求，早就想到自己想要什麼。

這使我想到魯迅先生。魯迅先生自嘲說，自己是「橫眉冷對千夫指，俯首甘爲孺子牛」。他沒有一味地對所有人好，更不是無腦對所有人壞。他知道沒有人願意和渾身長滿刺的人在一起，卻不介意用自己的刺去擊穿那些軟骨頭；他知道人與人之間的關係很脆弱，脆弱到卽使你不在意的一句情緒化牢騷，就會讓另一個人內心波濤翻滾，於是面對追求上進的年輕人，總是如同春風化雨。

我想，這就是立論的關鍵：我們是獨立的個體，卻絕不能將自己當做唯一的取悅物品。實際上，我們是一種群居性的動物，不可能離開環境而存活，這就意味著，我們必須知道自己要做什麼，然後以此爲藍圖，尋找到最適合自己的土壤。

不要再相信什麼「智商決定你的下限、情商決定你的上限」了，我們的一言一行，既是爲自己服務，也是對周圍環境的回饋。你可以情緒崩潰，也可以適時收斂，可以幽默、可以抱怨，可以自嘲，也可以諷刺，一切都取決於你想過什麼樣的人生。

偏見的是與非

　　好多年前跟朋友閒聊時說到「偏見」，偏見就是對他人的、不切實際的看法，是一種壞東西——我發誓，我一定不會成為一個有偏見的人，等到歲數大些，才知道偏見的可怕之處，恰巧在於不自知。

　　周星馳已經成為香港電影的一塊招牌，甚至說他是喜劇之王也不為過。他剛出道的時候，卻遠遠沒有這麼風光，據說他和梁朝偉一起去考 TVB 的藝人訓練班，梁朝偉一下子就考上了，他則只能進入候補名額。畢業後，梁朝偉很快便大紅大紫，憑藉《鹿鼎記》名揚兩岸三地，他卻仍默默無聞，一度以龍套為生。

　　迷茫的時候，他找業界的前輩請教，自己究竟有沒有做演員的潛力？能不能因此做出一番事業？人家毫不客氣地告訴他，不可能！以你的相貌來看，最多演一個路人甲。

　　類似的例子還有黃渤。黃渤本來是唱歌出身，曾經和滿文

軍一起參加青歌賽，滿文軍拿了獎，從此走向成功，黃渤則不得不在酒吧賣唱，成爲一名北漂族。後來，他好不容易得到一個演出機會，在電影《上車，走吧》中扮演一名北漂族，那個時候，誰會想到他能成爲國內的搞笑天王呢？哪怕到了《瘋狂的石頭》名揚天下的時候，恐怕大多數人也沒有想過黃渤能有今天的成功。

有一句話說，世界上的事情只有四種：我知道自己知道的，我知道自己不知道的，我不知道自己知道的，我不知道自己不知道的。每個人都有偏見，而對於偏見，我們往往不知道自己有，更別說談何改正了。有一個辦法，是及時調整自己的認知，意識不到偏見沒關係，一旦哪天知道了，迅速調整就好。

我有一位異性好友，和老公在離家鄉很遠的城市工作，結了婚之後就在工作的城市定居。原本以爲從此可以過著如膠似漆的小日子，沒想到，丈夫老家的親戚卻經常打電話過來。什麼不要總在外面吃飯，那樣不夠健康；什麼要學一學做飯，照顧好老公的飲食起居……等等。

我朋友沒有放在心上，想著禮貌應付一下就過去了，沒想到沒過幾天，那邊又發簡訊來告訴她，買菜不要去超市，要去

菜市場，又新鮮又便宜。親戚還是和上次一樣的訓話語氣，還是一副「別人都無知，只有我什麼都懂」的姿態，這回朋友沒有再忍，直接嗆了回去。

幾個月後，夫妻倆回家過年時，朋友在親戚們面前露了一手，他們才知道，她不是不懂生活，而是遇事有自己的主見。再加上丈夫在一旁提點，親戚們便改掉了總是遠端指揮的習慣，一家人從此其樂融融。

這樣的例子在生活中總比比皆是，由於帶有偏見，先入為主在不瞭解真實情況時，就輕易忽略別人的價值，這不僅是對別人的不尊重，也是對自己的不負責。

另一個方法是，認真觀察生活。我看過一些討論偏見的書籍，其中提到，偏見往往源自於關注過少。五千年的文明史比之於億萬年的進化，畢竟有些短，我們固然是萬物之長，卻不免帶著一些生物的習性。比如對於近人關注多，判斷起來比較精準；對於不怎麼接觸的人群，則往往愛胡亂腦補，因而偏見悄然滋生。因此，我們要時常提醒自己，我的判斷究竟有沒有道理。

以外貌打扮為標準做出對一個人的評價，是非常愚蠢的行為，影響穿著的因素太多了，收入、習慣、職業類型……等

等，唯獨關乎人的審美，不關乎人的素質。大學裡的警衛可以透過自己的努力，考上名校研究生，掃地的大哥可以是抗美援朝的英雄，快遞員也有可能是爲自己賺取學費的天之驕子。這些人看起來只是城市裡最不起眼的角色，衣著樸素，長相一般，但是在他們的背後，永遠有我們想像不到的重要價值。

同樣的，以學歷的高低或者出身的貧富爲依據來評判別人，也並不客觀，很多不識字的農婦，能把家中的帳目管理得井井有條；只上過小學的街邊攤販，也養活了一個家；深山裡的孩子，比同齡的其他孩子更加堅強獨立。這樣的人並沒有學過多少知識，也沒有多少財富，但生活造就了他們身上的獨特價值，任何人都無法輕視。

存在即爲合理，來到世界上的每個人，都存在著自己的價值。聰明的你，不要小看任何一個人。去和智者談話，和農民學耕；去和老人散步，和孩子奔跑；和商人交流，和僧侶唱經……，這就是孔子說的，三人行，必有我師焉。

寵辱不驚，看庭前花開花落

　　十多年前，有一部十分火爆的電視劇，叫做《士兵突擊》，這部電視劇不以愛情、職場為賣點，而是將鏡頭對準了部隊。具體來說，它透過塑造形形色色的現代軍人形象，展現了一代人渴望而又稀缺的素質，比如，平常人。

　　《士兵突擊》裡有一個讓人印象非常深刻的角色——A大隊成員吳哲，他長得高大帥氣，又有雙碩士學位的光環加身，乍看起來，簡直羨煞旁人。然而他最耐人尋味的地方，是那句口頭禪：「平常心，平常心。」

　　一個幾近完美的人物，對所有好與不好的事情，都能夠保持一種平和的心態，不大悲也不狂喜，給吳哲這個人物增添了一股獨特的人格魅力，使得他成了全劇的一大亮點。

　　關掉電視，退回生活中，不禁令人有些感慨，藝術源於生活而高於生活，電視劇也是如此。現實生活就像一團亂麻，任何一個煩惱，都會牽扯到另一個煩惱，讓人理不出頭緒；又像

是雜草叢生的荒地，有小花也有蒺藜，有陽光照耀也有溝渠暗生——楊絳曾說：「上蒼不會讓所有幸福集中到某個人身上，得到了愛情未必擁有金錢；擁有金錢未必得到快樂，得到快樂未必擁有健康，擁有健康未必一切都會如願以償。」真的有人能保持平常心嗎？

我一位從小一起長大的玩伴畢業之後，就考入了老家的大企業。由於他的出身好，長得又帥氣，工作沒多久便跟青梅竹馬結了婚。一晃眼多年過去，他成為了朋友們最羨慕的人，有車、有房、有妻、有子，還有一個溫暖的家，現在孩子都上小學了，日子比起我們這些至今仍在大城市打拚的人，不知道好多少倍，簡直像生活在天堂裡。

可是他好像並不這麼認為，反而三不五時就打電話跟我抱怨。從工作不順利到同事性格不合，從老婆不體貼到孩子學習差，從生活中瑣碎矛盾到婆媳間的衝突……一開始，我以為他真的遇到了困難，總是想著怎麼幫助他，後來我才知道，他只是希望有一個聽自己傾訴的人，於是，我決定將自己的經歷講給他聽。

我也曾經有過這樣的時候。我一度喜歡加班後，到酒吧用酒精麻痺神經，只為了短暫切斷工作和我的聯繫；我也曾迷

戀上一個人旅遊的感覺，因為那可以讓我逃離平時的生活圈
子……然而，欲用酒精達到微醺的境界，越來越難；身處幽靜
的深山，又渴望著身邊有個人。

　　漸漸的，我明白了一個道理，我所做的這些，都只不過是
逃避，而逃避的結果，要麼拖延，要麼只是換個地方繼續重蹈
覆轍。只有內心的平和，才能幫自己帶來面對這世界紛紛擾擾
的能量。幾天的逃離之後，終歸要回歸生活，我還是原來的
我，工作還是那份工作，壓力還是那份壓力。我也知道，絕大
多數的委屈、焦慮和憤怒等負面情緒，來源於潛意識中的不安
全感，一旦受到一些外界刺激，自我保護機制運轉起來，種種
負面情緒便滾滾而來。

　　其實也不只是我這樣，身邊的大多數人，當壓力大到一定
程度的時候，會變得極其敏感，有人會因此變成炸藥桶，一點
就著；有人會變成蝸牛，把自己縮進殼裡；還有人會像我的玩
伴一樣，找個垃圾桶，拚命把垃圾倒出去……

　　先賢早已把道理講得清楚明白，「萬事如意」只是一句美
好祝願，在命運面前，你我都一樣束手無策，時間不會因為你
的苦惱而變短，苦惱也不會因為你的煎熬而變少，與其哀怨，
不如平和一些，順其自然。

　　那麼，怎麼才能知足常樂呢？萬般無奈之下，我開始從書籍中獲取安慰，漸漸地，有一個人吸引了我的目光。

　　明永樂大帝之時，因為皇儲之爭，他將很多人打入昭獄。昭獄，就是由錦衣衛專門管理的監獄，一般的監獄進去了多半還能出來，昭獄則不然，進去的都是得罪了皇帝的人。在封建年代得罪皇帝，怎麼可能有什麼好下場呢？

　　因此被抓進去的人，往往兩股戰戰，惶惶不可終日。然而卻有一個人，每天都在讀書，甚至吃不了飯的時候，仍然捧著書本用功苦讀，將流傳於世的書籍讀了好幾遍。這真是奇了怪哉，以常理而言，封建年代的人讀書是為了做官，而要做官，首先得保有性命。昭獄裡的人，說不定明天就被拉出去砍頭了，幹嘛要用功苦讀呢？這個人叫做楊溥。明朝時，廢除了宰相，而後實行內閣制，內閣裡的人，便相當於過去的宰相，可謂「一人之下萬人之上」。楊溥後來沒有死，反而成為了內閣的首輔。

　　楊溥不是神仙，自然不能未卜先知，知道自己後來的事。到底是什麼支撐著他用功苦讀呢？有人說，春有朝花秋有露，夏有涼風冬有雪，心頭若無煩心事，便是人間自在天——你的不安全感、你的煩惱，其實都是源自於內心的不夠強大，當你

能坦然面對，接納不完美，那麼你將會在平和中孕育能量，來彌補現實中的不完美。然而，世界上哪裡有絕對強大的人呢？即使明朝的開國皇帝朱元璋，在馬皇后去世之時也心情低落，不能停止悲傷。

朋友在沒有成為暢銷書作家之前，其實是個體制內的小職員，平時別人吃飯聚餐搞關係，他最喜歡的就是窩在家裡抄書。對！你沒有看錯，不是讀書，而是抄書。

那段日子裡，他幾乎讀遍了幾乎你說得出的所有名著，奈何只要停下來，焦慮便像海浪一樣襲來。無奈之下，他決定開始抄書，電腦上一句一句把自己所讀過的名著，全部抄寫了一遍。

慢慢的，他覺得抄書很有意思，能讓自己的心態越來越趨於平和，因為他從字裡行間，看到了一條小路。偉大的作家多矣，他們都有自己看待世界的方式，而朋友在抄書的過程中，逐漸找到了一條自己的路。平和不代表平庸，中庸也不是事事求平均。如果一個人瞭解自己的使命感，他遇到任何事，都可以將其與自己的目標進行對比。因此，他就有了一把超脫世俗之外的尺規，再不會輕易被眼前的瑣碎所困擾。這就是心態平和的祕密。

餘生，想和相處舒服的人在一起

談生活，談人生，談格局，歐陽健舒的人生哲學

作　　　者／歐陽健舒
美 術 編 輯／孤獨船長工作室
責 任 編 輯／許典春
企畫選書人／賈俊國

總 編 輯／賈俊國
副 總 編 輯／蘇士尹
編　　　輯／高懿萩
行 銷 企 畫／張莉榮・蕭羽猜・黃欣

發 行 人／何飛鵬
法 律 顧 問／元禾法律事務所王子文律師
出　　　版／布克文化出版事業部
　　　　　　臺北市中山區民生東路二段 141 號 8 樓
　　　　　　電話：(02)2500-7008 傳真：(02)2502-7676
　　　　　　Email：sbooker.service@cite.com.tw
發　　　行／英屬蓋曼群島商家庭傳媒股份有限公司城邦分公司
　　　　　　臺北市中山區民生東路二段 141 號 2 樓
　　　　　　書虫客服務專線：(02)2500-7718；2500-7719
　　　　　　24 小時傳真專線：(02)2500-1990；2500-1991
　　　　　　劃撥帳號：19863813；戶名：書虫股份有限公司
　　　　　　讀者服務信箱：service@readingclub.com.tw
香港發行所／城邦（香港）出版集團有限公司
　　　　　　香港灣仔駱克道 193 號東超商業中心 1 樓
　　　　　　電話：+852-2508-6231 傳真：+852-2578-9337
　　　　　　Email：hkcite@biznetvigator.com
馬新發行所／城邦（馬新）出版集團 Cité（M）Sdn.Bhd.
　　　　　　41，JalanRadinAnum，BandarBaruSriPetaling，
　　　　　　57000KualaLumpur，Malaysia
　　　　　　電話：+603-9057-8822 傳真：+603-9057-6622
　　　　　　Email：cite@cite.com.my
印　　　刷／韋懋實業有限公司
初　　　版／2023 年 3 月
定　　　價／300 元
Ｉ Ｓ Ｂ Ｎ／978-626-7256-48-0
Ｅ Ｉ Ｓ Ｂ Ｎ／9786267256473(EPUB)

城邦讀書花園　布克文化
www.cite.com.tw　WWW.SBOOKER.COM.TW